AF747620

PIER PAOLO SPOSATO

VALUTAZIONE E SELEZIONE DEL PERSONALE

Come Scegliere e Valorizzare il Tuo Staff Ideale

Titolo

"VALUTAZIONE E SELEZIONE DEL PERSONALE"

Autore

Pier Paolo Sposato

Editore

Bruno Editore

Sito internet

www.brunoeditore.it

Tutti i diritti sono riservati a norma di legge. Nessuna parte di questo libro può essere riprodotta con alcun mezzo senza l'autorizzazione scritta dell'Autore e dell'Editore. È espressamente vietato trasmettere ad altri il presente libro, né in formato cartaceo né elettronico, né per denaro né a titolo gratuito. Le strategie riportate in questo libro sono frutto di anni di studi e specializzazioni, quindi non è garantito il raggiungimento dei medesimi risultati di crescita personale o professionale. Il lettore si assume piena responsabilità delle proprie scelte, consapevole dei rischi connessi a qualsiasi forma di esercizio. Il libro ha esclusivamente scopo formativo.

Sommario

Introduzione

Qualunque azienda, sia essa una multinazionale, una media/piccola azienda o un'impresa padronale, dovrebbe avere due processi attivi e realmente efficaci: **la selezione e la valutazione del personale**. Questi due processi, da soli, possono influenzare, per motivi diversi e in maniera decisiva, il buon andamento di qualunque azienda.

Un efficace processo di selezione è fondamentale per costruire un team coerente con la mission e con le politiche aziendali; ciò vuol dire aver l'uomo giusto al posto giusto nel momento giusto. È, per contro, incredibile il numero di aziende che affidano questo importante processo a persone non competenti o con poca esperienza, pregiudicandosi in tal modo la possibilità di avere dipendenti motivati, inseriti nei posti di lavoro a loro più adatti.

Il processo di valutazione del personale è, nella logica temporale, successivo a quello di selezione ma, anch'esso, riveste una straordinaria importanza ai fini di una corretta gestione del personale dipendente. Molti imprenditori hanno fondato il loro successo sul concetto che il vero vantaggio competitivo delle aziende è la **risorsa umana**; ultimo, in ordine di tempo, l'amministratore delegato della Fiat. Leggevo, qualche tempo fa, la recensione di un libro di Marco Ferranti intitolato *Marchionne*; erano riprodotti brani del libro e alcuni di questi riguardavano degli episodi, raccontati dal professor G. Volpato dell'Università di Venezia, sul modo di agire di Marchionne, spiegando cosa fece per realizzare il risanamento della Fiat.

Il professor Volpato afferma che il successo di Marchionne è stato quello di riuscire a convincere l'azienda, ridotta in condizioni estremamente precarie, ad affidarsi a un sistema di valutazione del personale tipicamente meritocratico; questo è il vero strumento con cui si mettono le fondamenta per costruire un'organizzazione motivante.

Quali sono i caratteri distintivi di un'organizzazione motivante? Essa si riconosce da due precisi elementi: da una parte si pone rigorosi obiettivi di business ma, dall'altra, adotta significative politiche meritocratiche, indirizzate al personale, sia per quanto riguarda gli aspetti retributivi che per quelli relativi al suo sviluppo.

Mentre mi accingevo a scrivere questo ebook il Ministro Tremonti lanciava, tra le tante idee per superare la crisi e per innovare la contrattazione di secondo livello, la proposta di far partecipare i dipendenti agli utili aziendali; proposta che raccoglieva il commento entusiastico del Ministro Sacconi, l'approvazione della UIL e della CISL e commenti positivi, seppure con qualche riserva, del presidente di Confindustria Emma Marcegaglia.

Uno schema che contempli la partecipazione dei dipendenti agli utili aziendali implica la capacità delle imprese di gestire gli aumenti retributivi in funzione dell'andamento dell'azienda e della produttività individuale. I risultati economici dell'azienda determinano, se positivi, la somma totale messa a disposizione per erogare eventuali aumenti. È poi necessario conoscere i valori di produttività individuale, per decidere a quali dipendenti è giusto distribuire i riconoscimenti economici.

Ciò significa avere un processo di valutazione del personale efficace e condiviso; in caso contrario, i datori di lavoro, se la partecipazione agli utili entrerà a far parte della contrattazione di secondo livello, si troveranno costretti a distribuire denaro indiscriminatamente, con una pesante diminuzione del potere discrezionale dell'azienda.

Sentirai dire che la misurazione delle prestazioni è ancora ben lontana dall'aver trovato un'applicazione stabile e sistematica; consulenti ed esperti gestionali propongono processi sempre più complessi, alla ricerca di metodiche che permettano di misurare realisticamente i fattori di successo di un'impresa quali la soddisfazione del cliente, l'innovazione, la flessibilità ecc.

L'esperienza nelle aziende dimostra, però, che quanto più i processi sono difficili da far comprendere ai dipendenti, tanto meno vengono condivisi e applicati; d'altra parte, sistemi di valutazione semplici e facili da mettere in atto hanno dato brillanti risultati in termini di condivisione e accettazione da parte del personale. Aziende di grandi dimensioni hanno introdotto costosi software per la gestione integrata delle risorse umane, tra cui proprio la selezione e la valutazione del personale; nulla in contrario nei riguardi di qualunque sistema che sfrutti le innovazioni tecniche, ma è necessario domandarsi se gli investimenti richiesti sono coerenti con gli obiettivi e le dimensioni aziendali.

L'intento di questo ebook è quello di aiutarti, quali che siano le dimensioni della tua azienda, a costruire le basi per un processo interno sia di selezione che di valutazione del personale, investendo limitate risorse di tempo e denaro. Questo non significa che il percorso non presenti ostacoli, specialmente nel caso tu debba partire da zero.

Posso già anticiparti che il problema maggiore da superare sarà quello di vincere la resistenza ai cambiamenti da parte delle figure di supervisione. Dovrai impegnarti molto per vincere queste resistenze, ma non farti scoraggiare poiché, una volta rodato, il sistema aumenterà la produttività della tua azienda e sarà motivante per il personale.

GIORNO 1:
Come assumere il giusto personale

La selezione del personale è un processo che ha costi diretti, in termini di tempo e denaro da investire, e costi indiretti, quando porta ad assumere dipendenti non adatti al ruolo che si sta cercando di ricoprire.

Sapere selezionare le persone giuste incide in maniera determinante sulla produttività aziendale. Infatti:

- insorgono meno frequentemente **conflitti** tra i capi e i dipendenti;
- le persone sono più **motivate** nei loro ruoli;
- i gruppi sono coesi e raggiungono più facilmente i loro **obiettivi**.

Uno dei migliori metodi per arrivare a selezionare il personale più adatto a svolgere le mansioni che un'azienda è in grado di assegnare, è il cosiddetto "sistema delle competenze".

SEGRETO n. 1: le competenze sono la combinazione di conoscenze, capacità e comportamenti che, se messi in atto, contribuiscono al miglioramento della prestazione dei dipendenti e al successo dell'organizzazione.

L'interesse verso il sistema delle competenze nasce negli anni '70, quando lo si applica per la prima volta ai processi di selezione del personale; negli anni successivi si capì che lo stesso sistema poteva essere esteso, con successo, alla valutazione delle prestazioni e del potenziale, al disegno organizzativo, alla formazione del personale e alla messa a punto di politiche meritocratiche.

Definiamo, prima di tutto, i significati che, nel linguaggio aziendale, vengono assegnati alle diverse competenze:

- **conoscenze**: il sapere specifico richiesto dalla professione, acquisito tramite una combinazione d'istruzione, formazione ed esperienza;
- **capacità**: abilità connesse con l'applicazione professionale delle conoscenze in un determinato ruolo;
- **caratteristiche**: qualità personali quali doti, valori e attitudini,

richieste per esprimere comportamenti organizzativi attesi per l'efficace realizzazione del ruolo;

- **comportamenti**: traduzione delle competenze in azioni osservabili.

SEGRETO n. 2: il processo di selezione deve portare a individuare quel candidato che, in possesso di un profilo molto aderente a quello necessario per il ruolo da ricoprire, dovrebbe essere la persona da assumere.

Questo comporta che, prima di effettuare qualunque selezione, si dovrebbe elaborare il profilo del ruolo che interessa in quel momento; ciò è possibile solo se, prima, abbiamo chiarito quali mansioni dovrà svolgere la persona che andrà a occupare quella posizione. L'argomento sarà diffusamente trattato nella sezione dedicata alla valutazione del personale, per cui, adesso, limitiamoci solamente a impostare il problema.

Il processo è suddiviso in due fasi; nella prima vanno descritte le responsabilità che una posizione comporta e nella seconda si devono definire, coerentemente, le conoscenze, le esperienze, i comportamenti e le caratteristiche personali necessarie per far fronte a quelle responsabilità. Le aziende più attente al processo di selezione si dotano di mansionari, detti *job description*, che permettono di arrivare a una descrizione molto precisa del profilo di competenze necessario per ricoprire con successo una determinata mansione. Questo profilo tornerà utile nei due momenti del processo di selezione: il reclutamento e la selezione del candidato migliore. I prossimi esempi permetteranno una migliore comprensione della metodica.

Il reclutamento

Il processo di selezione contempla due fasi temporalmente diverse: il reclutamento e le interviste ai candidati. S'intende, per reclutamento, la ricerca di un sufficiente numero di candidati suscettibili di assunzione, con un bagaglio di competenze adatte a ricoprire la posizione offerta dall'azienda.

Ciò comporta la scelta di fonti di reclutamento che siano coerenti con il tipo di personale da assumere, per ottenere un'elevata qualità di candidature.

Vediamo le differenze tra quelle più comunemente usate dalle aziende:

- **inserzione giornalistica**: è il metodo consigliato per la ricerca di personale operaio, impiegatizio, venditori, agenti di commercio;
- **società di selezione**: sono principalmente indicate per l'individuazione di candidati a posizioni di quadro e di impiegati con funzioni direttive;
- **società di cacciatori di teste**: vengono utilizzate per la ricerca anche di quadri ma, soprattutto, di candidati a posizioni dirigenziali;
- **scuole e istituti universitari**: sono la fonte principale quando si è alla ricerca di neodiplomati o neolaureati in materie specialistiche. Questi canali sono utilizzati, ad esempio, per l'assunzione di geometri, periti, laureati in Economia e Commercio ecc.;
- **società interinali**: agiscono da tramite quando l'azienda non intende assumere direttamente e sono valide per qualunque profilo non direttivo;
- **inserzione nella bacheca aziendale**: sono da preferire quando si è certi di avere un numero sufficiente di candidati qualificati

all'interno dell'azienda e si intende privilegiare i propri dipendenti;

- **raccolta di CV sul sito aziendale**: il metodo presuppone che l'azienda abbia un proprio sito web che può essere utilizzato per la ricerca di candidati a qualunque posizione, anche ad alta qualificazione. Il procedimento permette l'identificazione di un significativo numero di candidati, in tempi brevi e a costi veramente irrilevanti.

Vorrei adesso dimostrarti come le *job description*, se ben preparate, possano aiutarti a descrivere il profilo della persona che si intende assumere, facilitando molto la fase del reclutamento o complicandola, in caso contrario. Ho riassunto tre inserzioni comparse sui portali che pubblicano le offerte di lavoro, dimostrative dell'uso errato o corretto dei mansionari.

Annuncio n. 1

Questo annuncio è stato pubblicato da una società di ricerca e selezione del personale per conto di un'azienda che stava selezionando una figura di **disegnatore industriale**, specializzato nell'utilizzo di un particolare software CAD per il disegno tridimensionale. La figura, inserita nell'ufficio tecnico, avrebbe dovuto seguire la progettazione, il disegno, la realizzazione e la stesura dei relativi progetti. Nella prima parte dell'annuncio si dichiarava che il candidato ideale doveva possedere una specializzazione tecnica di base, il diploma di geometra e/o la laurea in ingegneria civile; inoltre, una pregressa conoscenza del software di cui sopra avrebbe costituito titolo di esclusività. L'annuncio terminava avvertendo che sarebbero state prese in considerazione anche le candidature senza esperienza.

Potrai notare che questa inserzione presenta delle aree non chiare, in particolare per quanto riguarda le conoscenze e le esperienze richieste. Non si capisce, infatti, l'equivalenza che si dà al diploma di geometra con la laurea in ingegneria, in quanto c'è troppa differenza nelle conoscenza acquisite attraverso gli studi.

Viene considerato, in prima analisi, titolo di esclusività la conoscenza del software applicativo, per poi dichiarare la disponibilità a prendere in considerazione anche candidature senza esperienza. È un'inserzione che non seleziona un target qualitativo-quantitativo valido.

Annuncio n. 2

Il secondo annuncio era indirizzato alla ricerca di un impiegato **addetto all'assistenza clienti**. L'azienda aveva deciso di pubblicare le *job description* della mansione, chiarendo che il compito dell'addetto era:

- di **supportare il responsabile** nella soluzione dei problemi riguardanti spedizioni non andate a buon fine;
- di **soddisfare le richieste telefoniche** della clientela;
- di **espletare tutte le attività dell'ufficio** relative alle pratiche di assistenza clienti.

L'annuncio proseguiva con la specifica dei requisiti richiesti, precisando che i candidati dovevano avere un'**età** compresa tra i venti e i trent'anni, essere **diplomati**, avere **esperienza in attività di servizio post-vendita o servizio clienti in azienda di trasporti o di servizi**. Dovevano possedere **capacità comunicative e relazionali, capacità di *problem solving* e una discreta conoscenza degli strumenti informatici e della lingua inglese**.

Questo secondo annuncio è più preciso, in quanto cita, seppure in modo stringato, le mansioni assegnate alla posizione e poi specifica bene le poche competenze richieste.

Annuncio n. 3

Il terzo e ultimo annuncio riguardava un'offerta di lavoro per la posizione di ***account specialist*** presso una delle più note catene di distribuzione di prodotti sportivi. La parte iniziale era dedicata a una precisa descrizione delle caratteristiche richieste ai candidati: l'azienda voleva mettersi in contatto con giovani di ambo i sessi **appassionati di sport**, **dinamici e vitali**, con senso **del team** e del **servizio al cliente**, **propositivi** e **concreti**.

L'invito era rivolto a **neolaureati o laureandi in discipline economiche**, dotati di **leadership**, con ottime **capacità organizzative** e capacità di ***problem solving***, **disposti a trasferirsi**. Veniva richiesta anche una forte attitudine personale per il **settore contabile e fiscale** e avrebbe costituito titolo preferenziale l'aver condotto **un'esperienza**, pur breve, nel **settore amministrativo**. Completavano il profilo la buona conoscenza **dell'inglese** e/o **del francese** e una buona conoscenza dei **principali strumenti informatici**.

Terminata la descrizione del profilo, seguiva un'accurata spiegazione delle mansioni previste per la posizione:

- responsabilità di tutte **le aree di bilancio e del conto economico** di una o più *business unit* dei settori distribuzione, logistica e servizi;
- realizzazione e analisi mensile del **conto economico gestionale e della contabilità analitica** di ogni *business unit*;
- gestione del **processo di contabilizzazione**;
- realizzazione del ***reporting*** per *business unit*, effettuando l'analisi degli scostamenti tra pilotato e consuntivo, garantendo lo scambio di informazioni con la funzione del controllo di gestione e supportando il responsabile contabilità nella predisposizione del bilancio di esercizio;
- supporto all'attività di ***auditing*** **interna e/o esterna**;
- stesura delle **procedure interne** di gestione e di controllo;
- verifica e controllo della sicurezza dei flussi di merci e di denaro attraverso ***audit*** **periodici** nei punti vendita e nei depositi logistici.

L'annuncio terminava con la descrizione del trattamento offerto in termini di: un percorso di **crescita personalizzato**, interessanti

opportunità di carriera internazionale, **missioni e progetti innovativi**, un **piano formativo personalizzato** per garantire il rapido sviluppo professionale, con la possibilità di crescita manageriale in un ambiente dinamico e multinazionale.

Questo è un annuncio perfetto, poiché spiega in modo completo sia le mansioni della posizione sia le competenze e caratteristiche personali richieste. La precisa descrizione dei profili non evita la candidatura di persone che non hanno tutte le caratteristiche richieste ma, certamente, permette di risparmiare tempo e denaro, per effettuare un reclutamento qualitativo e quantitativo molto valido. Lo stesso profilo dovrà essere utilizzato da tutti coloro che, nella pratica, effettueranno i colloqui di selezione, alla ricerca dei migliori candidati.

La selezione dei candidati

Chiunque sia coinvolto nel processo di decisione finale avrà il compito di verificare se le conoscenze, le capacità e i comportamenti espressi dal candidato nelle sue precedenti esperienze di vita e di lavoro, sono coerenti con quelli richiesti dal profilo della mansione/ruolo da svolgere. L'aver sistemato i profili delle posizioni aziendali non significa, necessariamente, avere la certezza di effettuare una buona selezione del personale; per avere questa certezza è consigliabile che i profili siano gestiti da professionisti della selezione.

Non è obbligatorio rivolgersi a consulenti esterni ma, se si vuole affidare tale incarico a un funzionario aziendale, questo dovrebbe essere opportunamente addestrato. Una delle maggiori difficoltà, incontrate dai selezionatori, consiste nel dare un significato alle risposte e ai comportamenti espressi dai candidati durante le interviste.

La stragrande maggioranza dei funzionari aziendali, incaricati di condurre le selezioni del personale, non sono dei professionisti psicologi: perciò esisterebbe il rischio di dare interpretazioni errate e compiere errori di valutazione.

Ecco dunque la necessità di addestrare coloro che effettuano le selezioni a usare tecniche d'intervista che, comunque, permettano di trarre utilissime indicazioni sul profilo del candidato, sfruttando fatti e informazioni facilmente controllabili.

SEGRETO n. 3: affida la selezione del personale a funzionari che abbiano buone capacità di comunicazione, che siano obiettivi nei giudizi, privi di pregiudizi, buoni conoscitori dell'azienda e addestrati al compito.

Due episodi, vissuti personalmente, mi sembrano adatti a rinforzare questo concetto. Il primo si riferisce alla mia esperienza di capo area nella The Upjohn Company, multinazionale del settore farmaceutico. Le politiche del personale della società prevedevano che i capo area vendita reclutassero e selezionassero i propri dipendenti presentando al proprio diretto superiore una rosa di tre candidati, per l'approvazione finale di quello raccomandato dal capo area stesso. La società aveva pertanto istituito, per tutte queste figure, un percorso formativo che contemplava la partecipazione a seminari sulla selezione del personale e un affiancamento iniziale con colleghi esperti.

Il collega esperto, in occasione di selezioni compiute dal collega più giovane, lo assisteva durante le interviste ai candidati, aiutandolo a pianificare i colloqui, interpretare le risposte e i comportamenti delle persone e, infine, a formulare le raccomandazioni per il diretto superiore. Questo sistema di trasmissione delle conoscenze all'interno dell'azienda permise di mantenere elevata la qualità dei candidati e di avere un turn over del personale di vendita estremamente basso.

Il secondo esempio è esattamente opposto. Fui chiamato, come consulente, da una delle più importanti società di revisione in Italia per impartire un addestramento sulle tecniche di selezione del personale a un gruppo di dipendenti. Motivo del progetto era l'elevato turn over, quasi del 30%, constatato nel gruppo degli assunti con anzianità inferiori ai due anni.

Il reclutamento era estremamente semplice e stringente; la società, ogni tanto, si rivolgeva alle facoltà di Economia e Commercio nelle aree geografiche d'interesse, per ottenere i nominativi dei laureati con 110/110 e, su questi, effettuava il processo di selezione. Meravigliava che, con un reclutamento così esclusivo, fosse poi molto elevato il numero dei dipendenti che lasciava l'azienda nei primi due anni di attività.

Il motivo del problema mi fu chiaro il giorno stesso in cui iniziai il corso di formazione; i partecipanti mi spiegarono che la società affidava ai suoi dipendenti junior più brillanti il compito di condurre i processi di selezione, ma questo compito era temporaneo e, dopo qualche esperienza, il mandato passava ad altro collega.

Era evidente che, con questo metodo, nessuno poteva acquisire una sufficiente esperienza per condurre selezioni efficaci, e, peggio ancora, nessuno poteva trasmettere adeguate conoscenze all'interno dell'azienda. Feci presente al management che, se non avessero cambiato sistema, anche il mio intervento formativo non sarebbe servito a nulla e che, a mio parere, l'unica soluzione era quella di creare un gruppo di dipendenti a cui lasciare, dopo l'opportuno addestramento, l'incarico di selezionatori in modo permanente.

Le aziende devono infine considerare, volenti o nolenti, che i processi di selezione rappresentano un veicolo indiretto della loro immagine. È già difficile, di per sé, lasciare un'immagine positiva dell'azienda ai candidati cui dovrà essere data una risposta negativa; figuriamoci se, oltretutto, dovessero essere trattati in modo scortese o poco corretto.

Chi ha l'incarico di condurre i colloqui di selezione deve "vendere" l'azienda non solo a coloro che sembrano avere i profili più interessanti, ma anche a tutti gli altri a cui si dovrà rispondere che non potranno essere assunti. Ecco, dunque, quali attenzioni i selezionatori dovranno adottare, nel gestire le relazioni con i candidati:

- è scorretto non inviare un seppur breve cenno di risposta a tutti coloro che vengono scartati a una prima analisi dei CV, quando, ad esempio, la selezione è stata indetta tramite un annuncio sui giornali;
- gli appuntamenti vanno fissati con un sufficiente margine di tempo. È maleducato far attendere i candidati oltre gli orari fissati prima di ammetterli ai colloqui;
- vanno evitati, durante i colloqui, atteggiamenti di sufficienza o, peggio ancora, ironici, nel caso il candidato si dimostri teso e confuso;
- terminato il processo di selezione, è corretto inviare un cenno sugli esiti dei colloqui a tutti i candidati che, nella fase finale, sono stati esclusi. Non è accettabile terminare un colloquio con

frasi come: «Ci faremo sentire» o «Se non riceverà alcun contatto nelle prossime settimane, vorrà dire che la posizione è stata assegnata ad altro candidato.»

Chi si comporta in questo modo è una persona codarda che, con il suo comportamento, danneggia l'immagine dell'azienda. È corretto, per contro, comunicare con franchezza al candidato gli esiti del colloquio, spiegando brevemente le ragioni per cui non lo si ritiene adatto alla posizione oggetto di selezione.

Occupiamoci adesso dei problemi logistici connessi a un processo di selezione. È essenziale programmare le interviste in giorni e ore in cui sia possibile dedicare ai colloqui tutto il tempo necessario, senza essere pressati dalla operatività. I colloqui vanno condotti in luoghi dove sia possibile parlare senza essere disturbati e, dunque, sono da preferire gli uffici dell'azienda o camere di albergo; non sono accettabili arrangiamenti quali le hall di alberghi, bar, aeroporti o sale ristoranti mentre si sta pranzando con il candidato.

Gli unici colloqui di selezione in cui credo sono quelli condotti a tu per tu con i candidati, mentre ritengo inefficaci, se non deleteri, quelli effettuati con gruppi di persone o, peggio ancora, per telefono. Le tecniche d'intervista sono, comunque, numerose, e si differenziano tra di loro per l'obiettivo che si pongono. Si distinguono, da un punto di vista generale, in tecniche strutturate, non strutturate e speciali.

Le prime comprendono le interviste a lista di controllo, e le interviste programmate; le seconde si suddividono in interviste ad argomento e libere. Infine le terze, ovvero le tecniche speciali, sono le interviste di gruppo e le interviste stressanti. Vediamone le caratteristiche per tipo:

- **interviste strutturate**: il selezionatore si attiene a questionari più o meno dettagliati, per cui è difficile, se non impossibile, che il candidato si esprima liberamente;
- **interviste non strutturate**: il candidato è incoraggiato a esprimersi liberamente, ma questa tecnica richiede selezionatori molto esperti;
- **intervista di gruppo**: intervista, purtroppo, molto diffusa per la selezione di candidati alla prima esperienza di lavoro, per mansioni che prevedono potenziali sviluppi a livello direttivo.

Dovrebbe essere possibile valutare la leadership, la capacità di comunicazione, la capacità di analisi, l'aggressività e il modo di relazionarsi dei partecipanti. Richiede, assolutamente, la presenza di diversi selezionatori esperti;

- **intervista stressante**: si sottopone volutamente il candidato a una pressione psicologica, per valutarne la stabilità emotiva. Si conduce mimando situazioni di lavoro in cui il selezionatore contesta e rende difficile la posizione del candidato.

È consigliabile non compiere alcuna assunzione quando nessuno dei candidati avrà ragionevolmente convinto i selezionatori. È, per i capi, una posizione difficile da sostenere, specie a fronte di pressioni gerarchiche o tecniche, e comporta, necessariamente, l'impegno a mantenere, in ogni caso, i risultati attesi dalle loro unità.

I sacrifici che, sul momento, saranno costretti a compiere, eviteranno il dover gestire, in seguito, prestazioni e comportamenti conflittuali, che frequentemente sono messi in atto da dipendenti assunti per il posto sbagliato nel momento sbagliato. Ciò non significa prolungare, sine die, una selezione alla ricerca del candidato ideale. Pertanto bisogna porre attenzione a non rimanere paralizzati per eccesso d'analisi. Un buon selezionatore deve poter decidere non possedendo tutte le informazioni necessarie, lasciandosi guidare dall'istinto e dall'esperienza.

SEGRETO n. 4: le impressioni che si ricevono nella prima mezzora di colloquio, sono importantissime. Le tecniche d'intervista vanno usate per confermare queste prime impressioni positive.

Sediamoci ora idealmente a una scrivania e verifichiamo di cosa c'é bisogno per condurre a termine una buona assunzione. Definiamo, per prima cosa, gli obiettivi delle interviste. Sono due, ugualmente importanti:

- **verificare se le conoscenze, le capacità e i comportamenti** espressi dal candidato nelle sue precedenti esperienze di vita e di lavoro **sono coerenti con quelli richiesti dalla mansione/ruolo da svolgere**;
- mettere il candidato in condizioni di **valutare se l'azienda, la mansione e la retribuzione offerta sono coerenti con le sue aspettative**.

In linea generale, per condurre una verifica approfondita un candidato dovrebbe essere convocato per due o tre volte, con l'obiettivo di comprenderne la personalità e accertarne le attitudini, di valutarne conoscenze e capacità e, infine, per concordare retribuzione, clausole contrattuali e data di assunzione.

Non è possibile porsi, nel colloquio di tipo psicologico, obiettivi interpretativi troppo ambiziosi, salvo che non si possieda una formazione specifica in tal senso; esiste però la possibilità, anche per coloro che provengono da culture di base completamente diverse, di raccogliere utilissime informazioni sul modo di ragionare del candidato, sul suo grado di coerenza e di affidabilità.

Vediamo, allora, gli argomenti sui quali è possibile e utile sondare il candidato, senza che questo presupponga particolari analisi interpretative.

È necessario verificare cosa conosce della tua azienda, poiché le sue risposte possono fornirti utili indicazioni su diversi aspetti; se ha raccolto molte informazioni, utilizzando diversi mezzi, ciò è dimostrativo di un interesse specifico, di spirito d'iniziativa, di voglia di ben figurare. L'esatto opposto ti deve far sorgere il sospetto su quanto la persona sia effettivamente interessata al posto di lavoro per il quale si è candidata.

Un secondo sondaggio va proposto per verificare quali vantaggi e quali svantaggi egli vede nell'appartenere alla sua attuale azienda. L'analisi che farà ti servirà a comprendere se, cambiando impresa, sarà o no in grado di eliminare o diminuire gli elementi d'insoddisfazione; non è certo consigliabile assumere un candidato che, inserito nella tua azienda, si troverà a dover gestire gli stessi problemi avuti con il suo precedente datore di lavoro.

Passa poi a controllare quali fattori lo inducono a lasciare la sua attuale azienda; dalle risposte si può capire se compie un'analisi realistica o se rimane su concetti teorici, talvolta anche contradditori e, di conseguenza, valutare quale sia la sua capacità di giudizio e sincerità.

È necessario chiedere, infine, quali sono i suoi punti di forza e le debolezze; il fatto che si sia analizzato e dimostri di conoscersi depone per una persona dagli atteggiamenti assertivi e con una buona fiducia in se stesso. Il contrario è indicativo di un individuo che cerca di nascondersi i propri punti deboli.

È poi possibile, nelle interviste strutturate, inserire dei test, considerati strumenti la cui utilizzazione può fornire dati integrativi dei risultati ottenuti con le interviste libere. I test, in base alla loro funzionalità, sono classificati come:

- **test di efficienza**: fanno parte di questo gruppo i test d'intelligenza, che trovano applicazione nella selezione di personale da adibire a funzioni molto specialistiche. I test attitudinali misurano, invece, la potenzialità di un candidato ad apprendere un determinato lavoro, tramite opportuno addestramento;
- **test di personalità**: questi sono strumenti indirizzati al rilevamento e alla valutazione degli aspetti motivazionali e di comportamento dei candidati. Gli strumenti usati sono i questionari di personalità e i test proiettivi.

Non entro nei particolari di questi test, avvertendo che, qualora si vogliano adottare, devono essere somministrati e interpretati da professionisti adeguatamente preparati. Il rischio che si corre, nel caso fossero usati da personale non professionale, è quello di arrivare a formulare giudizi completamente errati.

Si è inoltre affermato che un certo tempo dei colloqui dovrebbe essere dedicato all'accertamento delle capacità professionali del candidato, qualora la posizione in gioco preveda la maturazione di specifiche competenze. I candidati che fanno parte di una rosa finale, devono arrivare a tale livello già accompagnati da verifiche sui risultati, ottenuti nelle precedenti mansioni.

Chiunque sia responsabile della raccolta di queste informazioni dovrà aver consultato dati ricavabili da indagini di mercato, parlato con colleghi del candidato o con dipendenti della nostra azienda che lo conoscono, controllato l'attività di ricerca ecc.; in altre parole, devono essere stati raccolti fatti e non impressioni.

Presta attenzione a non considerare sufficiente l'analisi del **curriculum vitae**; è certamente un importante elemento di valutazione ma, se non accompagnato da riscontri obiettivi, può talvolta rivelarsi ingannevole. Prevedere, durante i colloqui, prove la cui realizzazione fornisce chiare e affidabili indicazioni sulle capacità del candidato, ha un significato solo per alcuni ruoli aziendali.

Esempi lampanti sono la traduzione di testi in lingue straniere, prevista per alcuni livelli segretariali, o la simulazione di una telefonata in lingua straniera; ugualmente efficaci possono essere la lettura di un bilancio o di un cedolino stipendi, realizzabili rispettivamente con un candidato a posizioni finanziarie o per l'amministrazione del personale.

L'accertamento delle capacità professionali, durante i colloqui di selezione, ha dunque una sua efficacia solo quando è possibile utilizzare delle prove che riproducono reali situazioni aziendali; negli altri casi sarà necessario ricorrere alla raccolta d'informazioni prima di giungere ai colloqui finali o, in ultima analisi, consultando, eventualmente, referenze citate dal candidato. Sono personalmente molto scettico sull'affidabilità delle informazioni raccolte dai referenzianti citati dal candidato; risultati più credibili si possono ottenere, utilizzando il cosiddetto "effetto palla di neve". Si chieda a uno o più referenzianti di segnalarci, laddove ne fossero a conoscenza, il nominativo d'altre persone in contatto con il candidato; la richiesta, ripetuta più volte, può portare a scoprire individui che, non condizionati da rapporti d'amicizia o parentela, potrebbero fornire notizie più attendibili sulla reale professionalità dell'interessato.

È importante far compilare al candidato, anche se sei già in possesso del suo CV, una scheda di rilevazione dati, impostata in modo tale da poterla utilizzare per meglio comprenderne il profilo. L'approfondimento delle informazioni sulla famiglia, sugli studi, sulle precedenti esperienze, sugli hobby, permette di delineare alcune caratteristiche della persona, come ad esempio:

- **il piano di studi**: è utile per valutare il senso di responsabilità e la tenacia del candidato, controllando se e in quanto tempo ha raggiunto l'obiettivo formativo, se si è reso più o meno indipendente dalla famiglia, se ha cambiato istituti, trasferendosi in sedi notoriamente più tolleranti;
- **le precedenti esperienze di lavoro**: sono interessanti, al di là dell'accertamento dei risultati ottenuti, per capire l'affidabilità, l'iniziativa e il grado di coerenza della persona. Poni attenzione

quando ti trovi di fronte a un candidato che ha cambiato più volte azienda in un'unità di tempo relativamente breve. Ciò non è negativo in senso assoluto, ma lo diventa se i cambiamenti non sono motivati da situazioni contingenti o da miglioramenti professionali. Si possono nutrire, in questo caso, ragionevoli dubbi sulla capacità di giudizio della persona;

- **informazioni sugli hobby e sulle relazioni sociali**: possono aiutarti a definire l'aderenza del profilo del candidato a quello del ruolo in discussione; prova a pensare quante probabilità di successo può avere, come venditore, una persona che non ama viaggiare, che non ha avuto, da giovane, una seppur minima esperienza sociale, che ha come unici hobby la lettura e il teatro. Egli sarà pure una degnissima persona, ma molto probabilmente più adatta a una mansione di sede che non di campo. Dal CV, dunque, si possono anche trarre segnali sulla capacità di relazione, sulla socievolezza e sulla leadership del candidato.

È possibile, con poche e specifiche domande, valutare, in modo sufficientemente preciso, altre caratteristiche del candidato, importanti per qualunque posizione aziendale. La scheda che segue permette una raccolta dati approfondita e il valutatore può, nella pratica, pianificare in modo completo la o le interviste con il candidato.

La scheda va consegnata prima di iniziare il colloquio, concedendo tempo sufficiente per la sua compilazione. Lascerei il suo utilizzo per un eventuale secondo colloquio, in modo da poter programmare le domande in funzione delle informazioni fornite dal candidato.

SCHEDA DI RILEVAZIONE DATI

Dati anagrafici

Cognome e nome ....

Luogo e anno di nascita..

Residenza............................Recapito telefonico.............

Titoli di studio

Licenza media: Istituto pubblico ☐

Istituto privato ☐

Anno di ottenimento...

Diploma di maturità Istituto pubblico ☐

Istituto privato ☐

Anno di ottenimento...

Segnalare eventuale cambio di istituto: sì ☐ no ☐

Diploma di Laurea in :...

Università di:.............................Anno:.........................

Segnalare eventuale cambio di facoltà: sì ☐ no ☐

Segnalare eventuale cambio di sede: sì ☐ no ☐

Eventuali stage:..

Svolti presso:...

Periodo:..

Servizio militare

Se assolto, segnalare arma e grado:

…………………………………………………………………………..

Se non assolto, segnalare servizio civile sostitutivo svolto presso:

…………………………………………………………………………..

Altri motivi:……………………………………………………………..

Attività extra lavorative

Segnalare i principali hobby e interessi:

…………………………………………………………………………..

Esperienze di lavoro

Datore di lavoro:……………………………………………………….

Mansioni:………………………………..dal:…………..al:…….

Motivo della risoluzione del rapporto di lavoro:

Referenze

Cognome e Nome: ……………………………………………….

Tipo di relazione:……………………………………………..

Recapito telefonico:…………………………………………….

Cognome e Nome: ……………………………………………….

Tipo di relazione:…………………………………………….

Recapito telefonico:…………………………………………

Dovremo poi dare al candidato la possibilità di conoscere la nostra azienda e valutare la posizione offerta; fermiamoci a riflettere su questo secondo obiettivo la cui validità è grandemente influenzata dalle caratteristiche temporali del mercato del lavoro.

Le aspettative dei candidati, in momenti nei quali si riveli molto difficile trovare nuove opportunità d'impiego, si abbasseranno ed essi si diranno disponibili ad accettare qualunque mansione e qualsiasi contratto, purché questi assicurino loro una fonte significativa di guadagno.

Non si deve per questo essere avari di notizie, a maggior ragione se alcuni elementi, caratterizzanti la nostra azienda, sono tra quelli che la persona ha vissuto come svantaggi in precedenti esperienze. Certe contraddizioni possono essere usate per testare come il candidato reagisce in condizioni di stress, facendogli notare che, in caso d'assunzione, si potrebbe trovare a gestire situazioni simili a quelle che vuole abbandonare.

È necessario, alla fine della o delle interviste, riordinare immediatamente le proprie impressioni, altrimenti si corre il rischio di perdere informazioni che possono rivelarsi molto utili per esprimere la valutazione definitiva. Ogni selezionatore avrà il suo metodo, ma è possibile concentrare il giudizio in un unico documento estremamente pratico.

Il documento si basa sull'estrapolazione, dal profilo, delle competenze di cui abbiamo già parlato, di un gruppo di conoscenze, capacità e comportamenti che si ritengono determinanti ai fini dell'assunzione di un candidato alla posizione in oggetto o di posizioni specialistiche o di impiego con funzioni direttive. Il profilo che emerge dall'esempio che puoi osservare in tabella 1 si può considerare sicuramente positivo, anche se alcune valutazioni sono sotto le attese.

Per facilitare la lettura, ho usato i seguenti i simboli:
<< competenza molto al di sotto del necessario;
< competenza sotto il necessario;
= competenza posseduta come necessario;
> competenza posseduta in grado superiore al necessario;
>> competenza nettamente superiore al necessario.

Tab. 1: valutazione del profilo del candidato

Conoscenze	<<	<	=	>	>>
Titolo di studio			X		
Conoscenza lingue		X			
Precedenti esperienze			X		
Capacità					
Capacità di ascolto			X		
Capacità di giudizio				X	
Capacità di relazione			X		
Comunicazione		X			
Gestione del tempo		X			
Caratteristiche					
Tenacia			X		
Approccio logico				X	
Affidabilità			X		
Socievolezza			X		
Responsabilità				X	

È ora giunto il momento di introdurre l'argomento riguardante il "patto di prova". Il periodo di prova è ormai considerato un prolungamento della selezione, anche se ciò è eticamente discutibile, poiché permette al datore di lavoro di verificare la scelta fatta dai selezionatori. L'idea che l'articolo 2096 del codice civile sulle assunzioni in prova non rispetti completamente un giusto equilibrio tra i diritti dei datori di lavoro e quelli del lavoratore, la trovo confermata dalla lettura di alcuni passi del testo dell'avvocato del lavoro Roberto Franci, dal titolo *Licenziamenti e Dimissioni*.

L'avvocato Franci così commenta il patto di prova: «L'esame del recesso del datore di lavoro durante il periodo di prova assume un'importanza del tutto particolare, a seguito delle modifiche apportate all'ambito di operatività delle norme limitative del licenziamento, dato che, ormai, il datore di lavoro può in un solo caso porre termine al rapporto di lavoro senza dover rendere conto della sua decisione. L'affermazione richiede qualche precisazione, come si vedrà, ma resta sostanzialmente esatta, soprattutto se si raffrontano le tenui limitazioni al recesso durante la prova – dovute alle necessità di tutela dei primari diritti del lavoratore – con i pesanti ostacoli che rendono, invece, problematico porre termine a un rapporto di lavoro, allorché l'assunzione sia divenuta "definitiva", anche in presenza di non trascurabili inadempienze del prestatore di opera. La prova rappresenta, perciò, il residuo baluardo dietro cui il datore di lavoro può proteggersi, rispetto a possibili errori di valutazione nella scelta dei propri dipendenti.»

È ben lontano da me il tentativo di difendere genericamente qualunque comportamento di lavoratori, anche se negligenti o disonesti; voglio solo far riflettere chi ha il compito di selezionare il personale sulla responsabilità che si assume quando commette l'errore di scegliere candidati che poi si rivelano non adatti alla posizione offerta, specie quando già dotati di esperienza e, dunque, provenienti da altre aziende.

È puramente teorica, infatti, l'affermata parità di diritti tra datore di lavoro e lavoratore. È vero che un dipendente che rassegnasse le dimissioni durante la prova certamente creerebbe un danno all'azienda, tanto è vero che, in taluni casi, è prevista una penale da versare al datore di lavoro. Ma è certo che l'azienda non si fermerebbe e il danno economico non sarebbe tale da mettere a rischio la sua sopravvivenza. Rovesciamo adesso la situazione e pensiamo a cosa succederebbe nel caso fosse l'azienda a licenziare il lavoratore durante la prova.

Dobbiamo ricordarci che, dopo aver ricevuto una lettera d'impegno dalla nuova azienda, il lavoratore rassegna le dimissioni dalla sua precedente; nel momento in cui fosse licenziato egli si verrebbe a trovare, improvvisamente, senza lavoro, e non si può certamente sostenere che il danno che ne riceverebbe sarebbe paragonabile a quello dell'azienda del caso precedente. Si può, in taluni casi, provocare dei veri e propri drammi familiari.

Il patto di prova, in ogni caso, comporta il rispetto di cinque regole ben precise:

- l'assunzione con periodo di prova deve risultare **da atto scritto**;
- una volta stipulato il patto di prova, **le parti sono obbligate a consentire e a fare l'esperimento** che forma oggetto del patto stesso;

- durante il periodo di prova **ciascuna delle parti può recedere dal contratto,** senza l'obbligo del preavviso o d'indennità;
- **il recesso non è, però, consentito prima della scadenza**, qualora la prova sia stabilita per un tempo minimo necessario;
- quando **il periodo di prova è terminato**, senza che sia stata esercitata la facoltà di recesso, **l'assunzione diviene definitiva**.

La mia raccomandazione, per i datori di lavoro, è di usare con molto senso di responsabilità il recesso durante il periodo di prova, seppure legalmente corretto, per i riflessi che può avere sulla vita del lavoratore. Queste considerazioni sono state fatte anche dalla magistratura del lavoro che, senza rinnegare il dettato dell'articolo 2096 del codice civile, che regola il patto di prova, ha però posto alcune limitazioni al recesso da parte datoriale.

La lettura di una estesa rassegna sugli interventi interpretativi della Corte di Cassazione e dei giudici di merito mi ha confermato che sono sorti dubbi sulla insindacabilità del recesso da parte del datore di lavoro: dubbi che mi portano a formulare un avvertimento di carattere legale.

SEGRETO n. 5: un recesso non doverosamente motivato garantirebbe un'assoluta discrezionalità al datore di lavoro, con la possibilità di conseguenti comportamenti vessatori e lesivi della dignità del lavoratore.

Si evince, da questa rassegna, che il recesso da parte datoriale non apparirebbe essere assolutamente discrezionale; si ammetterebbe, infatti, che il lavoratore, il quale ritenga e sappia dimostrare il positivo superamento dell'esperimento nonché l'imputabilità del licenziamento a un motivo illecito, ben può eccepirne e dedurne la nullità in sede giurisdizionale.

I processi di selezione condotti con tutte le attenzioni di cui abbiamo parlato portano, normalmente, all'assunzione del candidato con il profilo più simile a quello teorico. Ciò non significa che sia sempre possibile evitare errori d'assunzione ma, quando questi accadono, possono essere fatti risalire a tre o quattro condizioni:

- è stata data la preferenza alla persona che ha mostrato **competenze superiori a quelle necessarie** per la mansione oggetto di selezione;

- è stato espresso un parere positivo **basato su una sola qualità**, particolarmente apprezzata dal selezionatore;
- è stato assunto quel candidato che è **la proiezione del suo futuro capo**.

I selezionatori, per scongiurare questo tipo di errori, devono cercare di evitare che la relazione con l'esaminato venga, in qualche modo, a influire sulla loro capacità di giudizio; il modo con cui il selezionatore vive il suo ruolo, frutto di motivazioni personali, si traduce in atteggiamenti psicologici interattivi con il candidato. Alcuni esempi chiariranno immediatamente questo aspetto a chi, per professione, è abituato a condurre numerosi colloqui di selezione.

Una prima modalità di relazione viene definita come **bisogno di affiliazione** da parte del selezionatore; tale bisogno si traduce in un atteggiamento molto positivo nei riguardi dell'esaminato, assumendo comportamenti amichevoli e comprensivi, al punto di arrivare a facilitare, inconsapevolmente, la prova del candidato, pur di guadagnarsi l'amicizia dello stesso. Una seconda modalità è definita come **bisogno di potere**; in questo caso si tende a esaltare il proprio ruolo di controllo e comando sull'esaminato, approfittando di una situazione che già pone quest'ultimo in una posizione di subordine. Questa modalità porta il selezionatore ad assumere comportamenti aggressivi nei confronti dell'esaminato, alterando i risultati della prova.

Esiste, ancora, la modalità caratterizzata dal **bisogno di riuscita**; in questo caso l'esaminatore non sente il bisogno di controllare o comandare il candidato, ma di primeggiare su di lui. Tale modalità si traduce nell'assumere atteggiamenti freddi e burocratici, eliminando qualunque espressione d'emozioni, creando con ciò uno stato d'ansia nel candidato, pur non essendocene alcuna necessità.

Accettato, dunque, che è umanamente impossibile non compiere alcuno sbaglio, è interesse dell'azienda verificare, a posteriori, se il processo di selezione messo in atto è efficace o produce statisticamente troppi errori. Esistono due punti di controllo che possono aiutare a fare una diagnosi, seppure approssimativa. Il primo consiste nel verificare se, troppo frequentemente, l'azienda è costretta a non confermare il candidato prima della fine del periodo di prova. Devi pensare, se così fosse, a errori macroscopici, poiché saresti costretto a rivedere la tua valutazione addirittura dopo poco tempo dall'assunzione.

L'altro momento è quello relativo alla prima valutazione, che dovrebbe essere compiuta sui dipendenti con esperienze intorno all'anno; laddove queste fossero frequentemente sotto le attese, ciò significherebbe che stai assumendo personale che stenta a inserirsi nel ruolo e, dunque, probabilmente con profili non adeguatamente coerenti con la mansione da svolgere.

Cerca, in questi casi, di scoprire da dove si originano gli errori e cerca di porvi rimedio il più rapidamente possibile; l'efficacia della squadra dipende direttamente dalla tua capacità di selezionare la persona giusta per ogni posizione che l'azienda intende ricoprire in un determinato momento. L'obiettivo dei selezionatori professionisti è quello di assumere "la persona giusta, al posto giusto", contribuendo, in questo modo, a migliorare la produttività aziendale.

Vale, per ultimo, dedicare alcune righe alle attenzioni da porre nell'allestimento e gestione dei processi di selezione, per evitare di incorrere in violazioni di normative che, direttamente o indirettamente, regolano alcuni comportamenti dei datori di lavoro. Il primo aspetto che intendo richiamare è quello relativo alla legge sulla privacy, strettamente collegato agli annunci di ricerca di personale.

Il Garante, sollecitato anche dalle segnalazioni di cittadini, ha riscontrato frequentemente una mancanza di trasparenza e correttezza nei confronti dei candidati e ha, dunque, avviato procedimenti per l'applicazione di sanzioni amministrative. Gli annunci, nei casi contestati, contenevano solo un mero invito nei confronti dei candidati interessati a rilasciare, nel curriculum o nei documenti che intendevano inviare, un generico consenso al trattamento dei dati personali.

Le società sanzionate non avevano informato i cittadini che avevano inviato i loro curriculum vitae dell'uso che esse avrebbero fatto dei dati personali raccolti, violando in tal modo norme specifiche della legge sulla privacy. La seconda legge da tenere presente è la n. 125/91, che ha disegnato un sistema antidiscriminatorio tramite la tutela contro discriminazioni eventualmente esercitate dai datori di lavoro. Il Consiglio Europeo ha adottato la Direttiva 2000/43/CE e la Direttiva 2000/78/CE, che stabiliscono un quadro generale per la parità di trattamento in materia di occupazione e condizioni di lavoro. Ha poi emanato la Direttiva 2002/73/CE del Consiglio in materia di parità di trattamento tra gli uomini e le donne, cui in Italia è seguito il decreto legislativo 30 maggio 2005, n. 145, in G.U. n. 173 del 27 luglio 2005, in attuazione della direttiva stessa.

Il principio di parità prevede il divieto di discriminazione tra i due sessi:

- **nell'accesso al lavoro**, con qualunque tipo di assunzione e in qualunque settore;
- **nella formazione professionale**;
- **nella carriera professionale**;
- **nel tipo di lavoro** che viene affidato;
- **nella retribuzione**;
- **nel licenziamento**;
- **nelle condizioni di lavoro** e in qualsiasi altro aspetto del rapporto di lavoro.

Una importante precisazione riguarda gli accertamenti sanitari, finalizzati all'accertamento dell'eventuale assunzione di droghe, in materia di sicurezza sul lavoro; si ricordi che, in caso di lavoratori da adibire a specifiche mansioni a rischio, gli accertamenti sanitari debbono intendersi non come accertamenti "pre assunzione" ma come "visita medica preventiva" post assunzione, da eseguire, comunque, sul lavoratore prima di essere adibito al servizio.

Termino ricordando, a proposito di accertamenti sanitari, che in fase di pre assunzione è vietato qualunque esame teso ad accertare un possibile stato di gravidanza delle candidate lavoratrici.

RIEPILOGO DEL GIORNO 1:

- SEGRETO n. 1: le competenze sono la combinazione di conoscenze, capacità e comportamenti che, se messi in atto, contribuiscono al miglioramento della prestazione dei dipendenti e al successo dell'organizzazione.
- SEGRETO n. 2: il processo di selezione deve portare a individuare quel candidato che, in possesso di un profilo molto aderente a quello necessario per il ruolo da ricoprire, dovrebbe essere la persona da assumere.
- SEGRETO n. 3: affida la selezione del personale a funzionari che abbiano buone capacità di comunicazione, che siano obiettivi nei giudizi, privi di pregiudizi, buoni conoscitori dell'azienda e addestrati al compito.
- SEGRETO n. 4: le impressioni che si ricevono nella prima mezzora di colloquio, sono importantissime. Le tecniche d'intervista vanno usate per confermare queste prime impressioni positive.
- SEGRETO n. 5: un recesso non doverosamente motivato garantirebbe un'assoluta discrezionalità al datore di lavoro, con la possibilità di conseguenti comportamenti vessatori e lesivi della dignità del lavoratore.

GIORNO 2:

Come progettare un sistema di valutazione

Iniziamo a rispondere subito a una prima domanda: «Perché è necessario valutare i dipendenti?» Ci sono perlomeno cinque buone ragioni. Possedere un buon sistema di valutazione permette di:

- **gestire** in maniera realmente efficace **le prestazioni** dei dipendenti;
- **pianificare i processi di addestramento** e, dunque, far crescere le persone;
- **applicare una politica retributiva meritocratica**, realizzando dei risparmi e motivando i dipendenti più bravi;
- **individuare e sviluppare i dipendenti** con il più alto potenziale di crescita;
- **progettare lo sviluppo dell'azienda**.

Il processo, nella pratica, si divide in due sottoprocessi: valutazione delle prestazioni e valutazione del potenziale (fig. 1).

Fig. 1: valutazione del personale

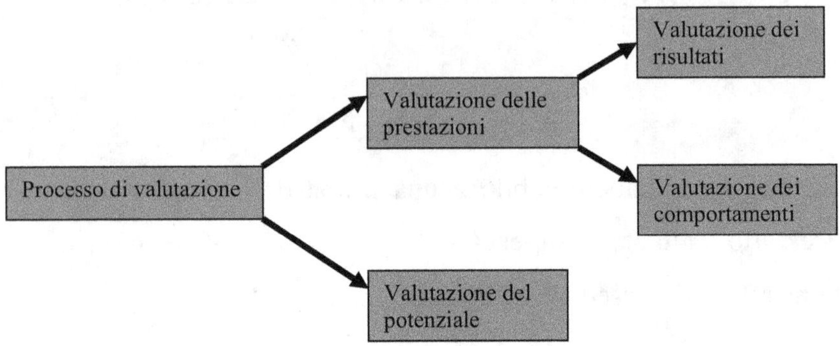

La valutazione delle prestazioni riguarda sia la valutazione dei risultati sia quella dei comportamenti; è consigliabile e applicabile a qualunque tipo di azienda, mentre quella del potenziale dovrebbe essere presa certamente in considerazione da quelle imprese le cui dimensioni giustificano un investimento di questo tipo. La valutazione delle prestazioni può essere efficacemente gestita da personale aziendale opportunamente addestrato, mentre la valutazione del potenziale, in alcuni casi, dovrebbe essere affidata a società di consulenza.

Iniziamo il nostro percorso con un'analisi di tutto ciò che è necessario sapere e predisporre prima di dare il via alla creazione del sistema di valutazione aziendale. È certamente un percorso impegnativo che potrebbe, inizialmente, scoraggiare chi dovesse partire da zero, ma ti posso assicurare che i vantaggi che ne otterrai ricompenseranno ampiamente lo sforzo iniziale.

SEGRETO n. 6: è consigliabile organizzare, a priori, una riunione dedicata ai responsabili di funzioni aziendali, con l'obiettivo di ottenere il loro consenso al tuo progetto.

La riunione dovrebbe essere preceduta da una presentazione del management sulle ragioni per le quali è urgente e importante dotarsi di un nuovo sistema. Qualunque sia l'approccio che vorrai seguire è però necessario che siano prese chiare decisioni sui punti che seguono.

Estensione delle valutazioni

La prima decisione da prendere riguarda la popolazione aziendale a cui si vorrebbe estendere il processo di valutazione; è abbastanza ovvio che questa scelta è a monte di tutte le altre decisioni, poiché condiziona in modo significativo le spese da mettere in budget.

Sarebbe teoricamente opportuno e desiderabile che la valutazione fosse estesa a tutti i dipendenti, poiché, così facendo, si stimolerebbe un clima fortemente meritocratico a qualunque livello. Ma ci sono, ovviamente, delle considerazioni di ordine pratico che ti potrebbero consigliare di procedere per gradi al di là dell'aspetto economico; molte aziende, per facilitare il processo iniziale, potrebbero scegliere di limitare la valutazione solo alla cosiddetta "popolazione strategica", quali dirigenti, capi reparto, capi unità quadri, professionali e impiegati direttivi, se non altro sino a quando non si sia ottenuta una sufficiente esperienza.

Questo è un metodo valido perché lascia, in ogni caso, la porta aperta a una successiva estensione del sistema. Una seconda possibilità, altrettanto valida, consiste nel progettare la valutazione per tutto il personale dipendente, adottando, però, due processi di valutazione diversi; uno più complesso per i dipendenti inquadrati nei ruoli aziendali più elevati e un secondo, più semplice, riservato al personale inquadrato nei livelli contrattuali più bassi. Questo sistema fa sicuramente risparmiare del tempo e meglio si adatta alle diverse figure professionali inserite in azienda. Spiegheremo nei prossimi capitoli come attuare questa soluzione.

Condizioni del sistema

Non esiste un sistema di valutazione ideale e veramente oggettivo ed è ben noto, alle funzioni del personale, che un qualunque progetto, per quanto complesso, dà pessimi risultati quando usato in modo scorretto e che, per contro, è possibile ottenere risultati più che soddisfacenti con metodi relativamente semplici ma utilizzati con convinzione.

Non è, pertanto, mia intenzione suggerire l'adozione di un sistema piuttosto che di un altro, poiché credo sia più produttivo ragionare su ciò che un'azienda può fare, per arrivare a esprimere una valutazione la più oggettiva possibile.

È però consigliabile che, prima di iniziare qualunque processo di valutazione, si possa disporre di tre condizioni:

- avere già **pronti** o essere in grado di **preparare i mansionari** delle figure che verranno sottoposte a valutazione;

- avere, di conseguenza, **individuato gli standard e/o gli obiettivi di prestazione**;
- possedere **mezzi** adeguati per **controllare il raggiungimento o meno dei risultati attesi**.

Voglio soffermarmi su questo ultimo aspetto, in quanto i primi due saranno ampiamente discussi nei prossimi capitoli; penso che un paio di esempi possano chiarire l'importanza di questo punto nella pianificazione di un processo di valutazione.

Ammetti di voler valutare il personale di vendita della tua azienda; potrai stabilire di misurare il contributo dei singoli adottando un sistema di controllo interno che ne verifichi le vendite, mensili, semestrali, annuali, gli incrementi sull'anno precedente, le spese e, di conseguenza, l'utile prodotto. Esistono, però, aziende che non ritengono sufficienti questi soli dati per valutare correttamente il contributo del singolo o di un team, e ritengono necessario conoscere anche le quote di mercato raggiunte e/o gli indici di penetrazione. In questo caso dovrai dotare la tua azienda di indagini di mercato, elaborate da società di servizio specializzate nel tuo settore: indagini che avranno dei costi da mettere in budget.

Un secondo esempio riguarda la valutazione di un responsabile di linea di produzione; anche in questo caso puoi accontentarti di esprimere una valutazione misurando i pezzi prodotti per unità di tempo, il numero dei fermi macchina, i tempi di manutenzione ecc.

Dovrai dotarti, per contro, di indagini più raffinate nel caso tu voglia verificare gli scarti, avere una certificazione di qualità o paragonare l'efficienza delle tue linee a quella della concorrenza. Sarà, dunque, sempre possibile esprimere una valutazione, anche in mancanza delle succitate condizioni, ma aumenterà il livello di soggettività e, di conseguenza, diminuirà il grado di accettazione da parte dei dipendenti. Un sistema di valutazione dovrà rispettare tanti più criteri quanto più la cultura aziendale lo vorrà rendere un processo oggettivo e trasparente: ma, di conseguenza, i costi di gestione aumenteranno coerentemente. Considera la seguente scala di complessità crescente e decidi quale realtà operativa puoi adottare nella tua azienda:

- **non verranno elaborati mansionari e standard di**

performance e la valutazione sarà demandata, in maniera totalmente soggettiva, ai capi;

- **esistono o verranno elaborati mansionari, standard e/o obiettivi** e la valutazione sarà preparata dai capi ma presentata, per l'approvazione, ai propri superiori;
- **sono già definiti standard, obiettivi e competenze** per la verifica dei comportamenti. La valutazione sarà approvata come sopra;
- stesse condizioni di prima, ma la valutazione **sarà presentata a una commissione di valutazione**;
- stesse condizioni di prima, ma la valutazione **sarà espressa da diverse figure aziendali**, quali il capo, un collega, un subordinato e, se del caso, un cliente interno: valutazione a 360°. Puoi facilmente renderti conto che, man mano che aumenta la complessità del processo, più grande sarà la spesa, più elevato il numero delle persone coinvolte, maggiore il tempo da dedicare alle operazioni di valutazione.

Bisogna considerare, tra i criteri di valutazione, un altro parametro conosciuto con il nome di **forzatura delle valutazioni**. Statistiche ormai consolidate dimostrano che, in linea generale, le valutazioni di una popolazione aziendale si distribuiscono in modo più o meno costante:

- **un 5%** della popolazione dà risultati molto inferiori alle attese (MIA);
- **un 10%** della popolazione dà ancora risultati inferiori alle attese (IA);
- **un 70%** della popolazione conferma i risultati nelle attese (CA);
- **un 10%** dà risultati superiori alle attese (SA);
- **un 5%**, infine, dà risultati eccezionali (EC).

Il grafico della figura 2 riproduce la situazione di un'azienda con un buon sistema di valutazione, perché rispetta una distribuzione delle percentuali ideale; in caso di processi di valutazione non corretti l'apice della curva si sposta tutto a destra, per valutazioni troppo ottimistiche, o a sinistra per valutazioni pessimistiche.

Fig. 2: distribuzione delle valutazioni

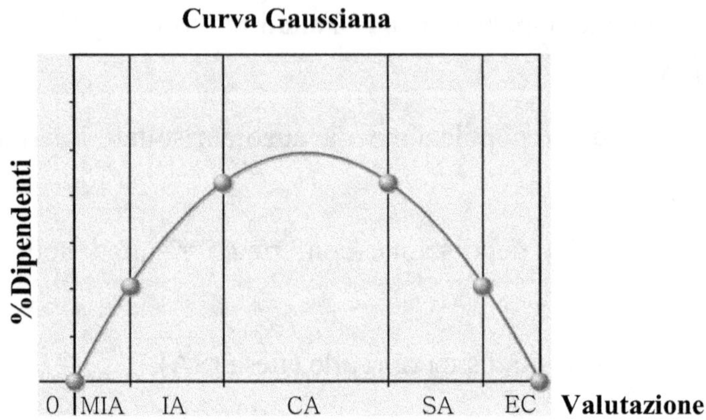

Queste osservazioni hanno indotto molte aziende a chiedere ai valutatori che questa distribuzione statistica sia, pressappoco, rispettata anche a livello delle singole unità; come detto, ciò rappresenta una forzatura, poiché quello che vale per i grandi numeri potrebbe non valere all'interno di piccoli gruppi.

È, in ogni caso, una decisione che raccomando, perché c'è, nei capi, la tendenza ad appiattire le proprie valutazioni o, ancora peggio, a dare valutazioni superiori agli effettivi contributi dei loro dipendenti. La scelta corretta potrebbe essere quella di non imporre la forzatura al lancio del processo di valutazione, sondando i comportamenti dei capi. La forzatura delle valutazioni diventerebbe un atto di gratuita autorità se, alle prime esperienze, le loro valutazioni dovessero risultare fondamentalmente corrette e, nei limiti del possibile, oggettive.

Logica conseguenza di questo modo di procedere porta, però, alla necessità di costituire la commissione di valutazione, in grado di verificare il lavoro fatto dai capi; la commissione avrà una composizione più o meno complessa a seconda delle dimensioni dell'azienda ma, in linea di massima, dovrebbe avere la seguente struttura:

- **uno o due livelli superiori a quello del valutatore**. Questi membri, ovviamente, variano a seconda delle unità che sono sotto valutazione. Potrebbero sedere in commissione un area manager e, in seconda battuta, anche un direttore vendita, se si sta valutando, ad esempio, del personale di vendita e il valutatore è un capo area;
- **un rappresentante della funzione del personale**: membro fisso;
- **un rappresentante della funzione addestramento**: membro

fisso, laddove esista;

- **una segretaria** che registri le decisioni della commissione. Mi rendo perfettamente conto che, in una piccola/media azienda tutto ciò può essere ridondante, ma è il principio che va tenuto presente.

SEGRETO n. 7: compito della commissione di valutazione è quello di verificare che le valutazioni siano basate su dati di fatto e non su impressioni.

Ciò è necessario per bilanciare le diverse tendenze che si evidenziano in azienda e per evitare che, a fronte di contributi pressoché simili, ci siano valutazioni completamente diverse; la commissione deve, perciò, avere l'autorità di modificare, se necessario, la valutazione espressa dai capi.

Chi in commissione siede in rappresentanza della funzione del personale ha, inoltre, il compito di raccogliere i dati relativi alle capacità che, durante le valutazioni, si dimostrano, statisticamente, le più deboli in azienda. Questi dati, laddove il management volesse porre correzioni a tali deficienze, diventeranno utilissimi per programmare piani di formazione e sviluppo del personale.

Coordinatore del processo

Premesso che, una volta presa la decisione di adottare un nuovo sistema di valutazione, la più alta autorità aziendale deve, in prima persona, essere coinvolta nel processo di comunicazione al personale, diventa un obbligo identificare una persona a cui affidare il coordinamento di tutto il progetto. Questo incarico, nelle aziende di grandi dimensioni, viene, di norma, affidato a un quadro, facente parte della funzione del personale.

SEGRETO n. 8: la nomina di un coordinatore del processo di valutazione è una condizione indispensabile, senza la quale l'azienda rischierebbe di vedere vanificata la sua iniziativa.

A chi affidare tale incombenza nelle aziende di piccole/medie dimensioni? Possiamo identificare la persona sulla scorta delle capacità e caratteristiche personali che deve possedere:

- **non deve essere un consulente esterno**, poiché è richiesta una presenza in azienda non sempre programmabile;

- deve avere una **sufficiente anzianità aziendale**, tale da permettergli di conoscere abbastanza bene quasi tutte le persone coinvolte nel processo;
- deve essere **persona stimata** per le sue capacità e per la sua correttezza;
- deve essere **in grado di parlare con le figure di supervisione**, senza subire condizionamenti per effetto del timore reverenziale verso i capi;
- sarebbe magnifico se fosse anche **una persona creativa**.

SEGRETO n. 9: l'attività di coordinamento non giustifica l'inserimento di un dipendente a tempo pieno; deve essere, dunque, vista come un arricchimento della sua attuale mansione.

Le aziende di grandi dimensioni, come detto prima, prevedono tale incarico per un dipendente inserito nella funzione del personale, il quale ha la responsabilità dell'efficienza organizzativa dell'azienda e/o della formazione e sviluppo dei dipendenti; meno frequentemente è la scelta del responsabile *compensation & benefit* che, comunque, ha la sua logica in un'ottica che vede la parte variabile della retribuzione dei dipendenti legata alle loro valutazioni. Non è possibile indicare, nei casi in cui queste figure non esistono, un ruolo preciso da prendere in considerazione, perché sono troppe le variabili che distinguono la situazione di un'azienda da quella di un'altra.

Meglio è seguire la traccia delle caratteristiche personali, indipendentemente dalla mansione che già svolge in azienda; è evidente che, prima di dare il via al processo, sarà necessario prevedere un breve periodo, di circa tre-quattro giorni, di addestramento della persona sulle principali caratteristiche di un sistema di valutazione. Questo tipo di corso dovrebbe essere somministrato in un'unica soluzione o in più sessioni a seconda del numero delle persone coinvolte, anche a tutti i capi che saranno poi coinvolti nel processo di valutazione.

Gli argomenti da trattare nel seminario di formazione dovrebbero essere gli stessi di questo ebook, la cui lettura potrebbe rilevarsi certamente molto utile per tutti coloro che non hanno conoscenze specifiche su queste tematiche. Contrariamente al mio interesse ammetto, però, che non può sostituire un corso in aula, dove è possibile favorire il dibattito e verificare la comprensione, l'elaborazione e l'accettazione del sistema. Ti ricordo che non è strettamente necessario affidare a una società di consulenza l'incarico di mettere a punto il tuo sistema di valutazione ma, eventualmente, quello di addestrare il tuo personale a realizzarlo per proprio conto.

SEGRETO n. 10: i sistemi di valutazione, proposti dalle società di consulenza, spesso eccedono le esigenze aziendali e, per la loro complessità, sono poco accettati dai dipendenti.

Un possibile programma di un corso di formazione potrebbe essere il seguente:

- definizione **dei parametri di un sistema di valutazione**;
- **il sistema delle competenze**;
- la **descrizione delle mansioni** e la loro compilazione;
- gli **standard di performance e gli obiettivi personali**;
- gli **indicatori di comportamento**;
- **utilizzo delle valutazioni** effettuate sui dipendenti.

Non lo vedo strettamente necessario ma, se il budget e i tempi lo permettessero, suggerirei di fare affiancare da un consulente il coordinatore del progetto nel periodo in cui, per la prima volta, dovrà stendere, insieme ai capi, la descrizione delle mansioni per i loro dipendenti.

Programmazione dei tempi

Siamo adesso in grado, seppure con una certa approssimazione, di calcolare i tempi per attuare un processo di valutazione del personale:

- **tre-quattro sono i giorni necessari** per la formazione iniziale del coordinatore e dei capi coinvolti. Questo è un investimento una tantum e lo si dovrebbe riprendere in considerazione solo se il team dei capi dovesse, nel tempo, essere significativamente rinnovato. La formazione dei nuovi capi, in questo caso, sarebbe consigliabile effettuarla ad personam, al momento dello loro assunzione in azienda, e potrebbe essere condotta dal coordinatore del progetto o da qualunque collega che avesse acquisito notevole esperienza nell'attuazione del processo stesso. Si può effettuare, in **una giornata di lavoro**, la prima stesura di mansionari di standard di performance per quattro-cinque posizioni aziendali. È necessario porre attenzione, nel fare i calcoli, poiché a una posizione di lavoro possono corrispondere molti dipendenti e, dunque, sarà necessario comporre un solo mansionario, ad esempio, per tutti i venditori o per tutte le posizioni di segreteria. È consigliabile, dopo qualche anno, procedere alla revisione dei mansionari, specie se sono avvenuti cambiamenti nella mission o si è proceduto ad acquisizioni o fusioni con altre aziende;

- alla fine di ogni anno i capi dovranno preparare la valutazione dei loro dipendenti. È possibile, con qualche accorgimento che vedremo in seguito, effettuare in **un giorno la valutazione di quattro-cinque dipendenti**;
- la commissione di valutazione, concentrando l'attenzione solo sulle significative variazioni di valutazione rispetto all'anno precedente, può controllare la posizione **di dieci-quindici dipendenti durante ogni seduta**;
- il coordinatore dovrà **dedicare del tempo** per effettuare statistiche sui dati raccolti, mantenere un archivio aggiornato dei dati raccolti e occuparsi della modulistica necessaria alla compilazione delle valutazioni.

Fig. 3: riassunto delle tappe di progettazione

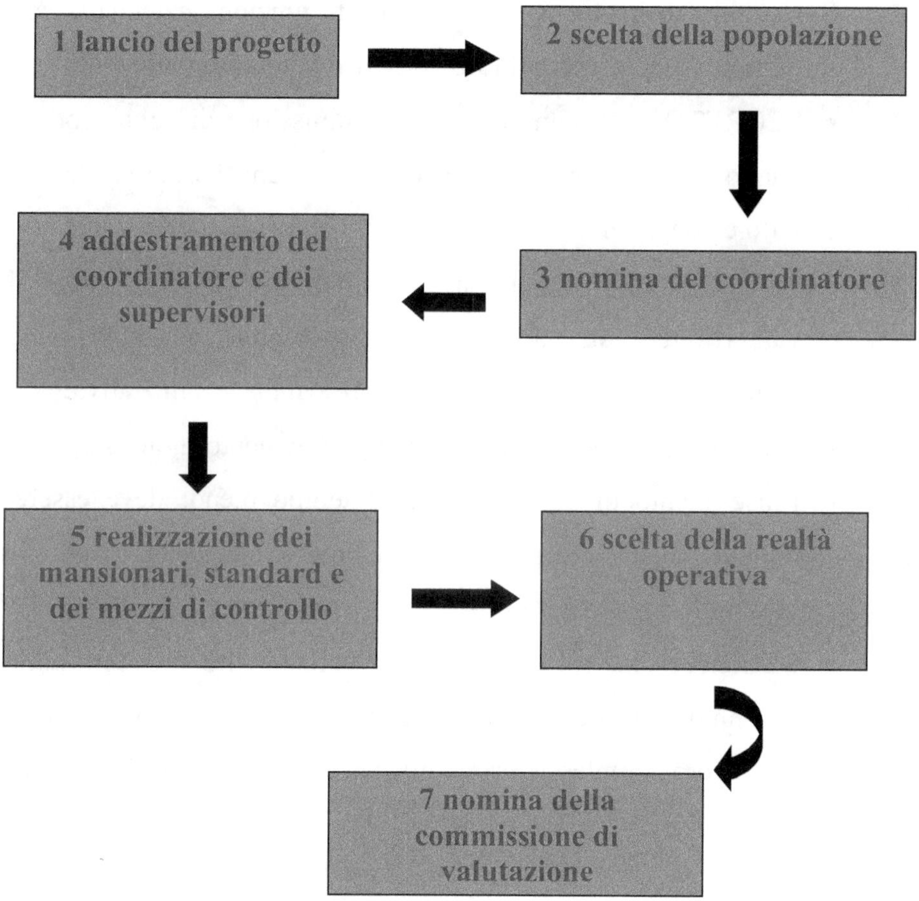

RIEPILOGO DEL GIORNO 2:

- SEGRETO n. 6: è consigliabile organizzare, a priori, una riunione dedicata ai responsabili di funzioni aziendali, con l'obiettivo di ottenere il loro consenso al tuo progetto.
- SEGRETO n. 7: compito della commissione di valutazione è quello di verificare che le valutazioni siano basate su dati di fatto e non su impressioni.
- SEGRETO n. 8: la nomina di un coordinatore del processo di valutazione è una condizione indispensabile, senza la quale l'azienda rischierebbe di vedere vanificata la sua iniziativa.
- SEGRETO n. 9: l'attività di coordinamento non giustifica l'inserimento di un dipendente a tempo pieno; deve essere, dunque, vista come un arricchimento della sua attuale mansione.
- SEGRETO n. 10: i sistemi di valutazione, proposti dalle società di consulenza, spesso eccedono le esigenze aziendali e, per la loro complessità, sono poco accettati dai dipendenti.

GIORNO 3:
Come valutare i risultati

Qualunque sistema di valutazione presuppone la preventiva definizione delle responsabilità dei ruoli da sottoporre a valutazione e dei conseguenti standard di prestazione; per realizzare questa operazione non c'è miglior mezzo, a mio giudizio, che il già noto **sistema delle competenze**.

Il sistema delle competenze, nonostante le critiche sulla sua relativa complessità, rimane l'unico metodo che permette alle aziende di raggiungere due importanti obiettivi: far sapere ai dipendenti quali sono i comportamenti ritenuti necessari per raggiungere il successo e, di conseguenza, far crescere il livello medio delle prestazioni.

La relativa complessità del sistema delle competenze risiede nel fatto che, per applicarlo, è necessario definire preventivamente i profili di tutti i ruoli aziendali che si vorranno sottoporre a valutazione. Ciò è possibile, con relativa facilità, partendo, come già accennato, dalla descrizione delle mansioni o *job description*. Il metodo più semplice di procedere è quello di porsi due domande:

- per quali motivi l'azienda retribuisce i dipendenti che occupano quel ruolo?
- quali competenze devono possedere gli occupanti quel ruolo per rispondere alle attese dell'azienda?

Cerchiamo adesso di rispondere alla prima domanda, esplicitando, con tre-quattro frasi, le responsabilità del ruolo di cui vorremmo identificare le mansioni; un primo piccolo aiuto lo possiamo trovare nei contratti nazionali che, di solito, definiscono i profili contrattuali delle diverse categorie di dipendenti.

Queste informazioni sono reperibili sul sito del Cnel. Riproduco un esempio preso dal CCNL del settore tessile, categoria calzature PMI per i ruoli inquadrati al 5° livello.

«Appartengono a questo livello:

- i lavoratori **che guidano e controllano il lavoro di un gruppo** di altri lavoratori con apporto di competenza tecnico-pratica assumendone la responsabilità;

- i lavoratori che **coordinano e svolgono attività di particolare rilievo e complessità** di carattere tecnico-amministrativo, che richiedono competenza e preparazione specifica con facoltà d'iniziativa nei limiti assegnati.

Esemplificazioni:

- responsabile di sezione o di più fasi di produzione nell'ambito del reparto;
- capo squadra area di manutenzione;
- cronometrista analista;
- operatore modellista su CAD-CAM addetto alla preparazione e/o modifica di modelli o parte di modelli;
- addetto all'ufficio acquisti e vendite responsabile per gruppi di fornitori o clienti, incaricato delle operazioni relative;
- interprete e traduttore;
- **progettista sviluppatore di taglie o di parti di modelli e/o stampi con CAD tridimensionale e software predefinito.** Scarponi da sci; sarà il nostro esempio;
- addetti alle pratiche del personale con sviluppo contabile delle

paghe;

- operatore di centro elaborazione dati;
- traduttore corrispondente con completa conoscenza di una lingua estera.»

Ammettiamo di dover stilare le *job description* del progettista sviluppatore di taglie o modelli; già dai profili contrattuali possiamo dedurre le maggiori responsabilità di questo ruolo. È richiesta una preparazione specifica e la capacità di lavorare con CAD tridimensionale e software.

L'azienda si aspetta, dunque, che sviluppi e proponga modelli di scarponi da sci in linea con i trend di mercato, di qualità in grado di competere con la concorrenza e, infine, realizzati nei tempi utili per permettere alla produzione di lanciare i modelli nella stagione invernale.

Abbiamo già identificato, come vedi, le cosiddette ***key responsabilities***, ovvero le responsabilità chiave del ruolo in esame. Esistono contratti nazionali che forniscono descrizioni più dettagliate sui profili professionali e che, dunque, sono un'ottima

base di partenza. Prendo ora come esempio la declaratoria per dipendenti di 7° livello nel CCNL dei metalmeccanici:
«...lavoratori che, sulla base di indicazioni generali e anche avvalendosi di procedure esistenti, **provvedono**, nell'ambito della loro **attività, alla elaborazione, analisi, controllo e verifica di fatti amministrativi, formulano sintesi di situazioni preventive e consuntive** necessarie alla stesura di risultanze economiche e patrimoniali.

Contribuiscono all'adeguamento di metodi e procedure contabili. Effettuano analisi, controllo e sintesi della situazione globale delle partite di rilevante entità e complessità relative a clienti e/o concessionari, disponendo gli interventi tecnici idonei a migliorare e aggiornare la valutazione complessiva dei rischi e la definizione dei fidi, abbuoni e pagamenti.

Elaborano **situazioni riepilogative dell'andamento economico e finanziario** del settore e/o area di competenza e/o previsioni di massima sulle entrate di cassa, concernente l'esercizio considerato, anche avvalendosi della collaborazione di altri enti;

predispongono **gli opportuni provvedimenti per il recupero dei crediti di rilevante entità**, decidendo, se del caso, l'eventuale ricorso e la scelta dello strumento legale: **contabile, contabile clienti**.»

Ripetiamo l'esercizio, in questo caso, per il ruolo di responsabile contabilità clienti; la lettura della declaratoria ci indica che è una posizione che ha una certa autonomia, che deve effettuare analisi ed elaborare previsioni sulla situazione economica dei clienti, evidentemente al fine di ridurre il rischio, per la propria azienda, di dover affrontare inaspettate insolvenze. È responsabile, inoltre, di predisporre, quando necessario, il recupero di eventuali crediti, per mantenere sotto controllo i giorni di scoperto.

Un ultimo esempio, tratto dal CCNL dell'industria chimico-farmaceutica che, a mio giudizio, ha realizzato una classificazione del personale molto dettagliata. Analizziamo la declaratoria di una figura nota, quale quella dell'informatore scientifico del farmaco, inquadrato nella categoria B:
«Appartengono a questa categoria di inquadramento i lavoratori impiegati con funzioni direttive, o che svolgono funzioni

specialistiche equivalenti per importanza, responsabilità e delicatezza, cui sono assegnate posizioni di lavoro che richiedono:

- **conoscenza ed esperienza pluriennale** in più attività tra loro connesse, maturata anche in posizioni appartenenti a categorie inferiori;
- **responsabilità economiche rilevanti** connesse alla realizzazione di significativi programmi aziendali, che comportano l'assunzione di decisioni, con un ampio grado di autonomia, i cui risultati sono misurati periodicamente a consuntivo.

L'informatore scientifico del farmaco svolge, secondo le direttive aziendali e nel rispetto del D.Lgs. 30 dicembre 1992, n. 541, attività di informazione scientifica presso i medici, **illustrando loro le caratteristiche farmacologiche e terapeutiche dei farmaci**, al fine di assicurarne il corretto impiego. **Riferisce all'impresa**, nel rispetto dell'art. 9, punto 6, del D.Lgs. 30 dicembre 1992, n. 541, **le osservazioni registrate nell'uso dei farmaci che emergono dal colloquio con gli operatori sanitari** e in particolare le informazioni sugli effetti secondari dei farmaci ad uso umano. **Possiede un titolo di studio**

idoneo (art. 9, punto 2, D.Lgs. 30 dicembre 1992, n. 541), un'alta qualificazione professionale e adeguate conoscenze scientifiche sui farmaci che presenterà ai medici. **Può essere chiamato a svolgere,** nell'ambito delle normative di legge in materia e secondo le necessità aziendali, **ulteriori attività, sempre nell'area di pertinenza**, che comportino competenza, esperienza e responsabilità.»

È possibile, come vedi, trarre da una declaratoria così dettagliata, molte informazioni per stendere le *job description* dell'informatore scientifico: deve possedere, anzitutto, una laurea ben specifica, addirittura stabilita per legge, deve essere in grado di apprendere e mantenere un alto livello di conoscenze scientifiche. Si richiede, a questa figura, la capacità di dialogare con un target di medici, è responsabile di produrre significativi risultati economici ed è auspicabile che abbia maturato precedenti esperienze in ruoli di categoria inferiore.

È già un profilo ben delineato a cui, in effetti, non c'è molto da aggiungere. L'utilizzo delle declaratorie dei contratti nazionali è solamente un mezzo per rendere più rapida la stesura delle mansioni ma, sia ben chiaro, che si possono adottare altri metodi, specie se l'azienda vuol dare al progetto un'impronta decisamente autonoma. È indispensabile, in questo caso, programmare degli incontri con dipendenti dai risultati eccellenti e con i loro capi; i suggerimenti, emersi da questi colloqui, si riveleranno utilissimi per identificare quelle responsabilità con un reale impatto sui risultati.

SEGRETO n. 11: il coordinatore del processo di valutazione avrà il compito di definire le "responsabilità chiave" delle singole mansioni.

Il secondo passaggio, per proseguire nella formulazione dei mansionari, consiste nell'introdurre gli aspetti relativi alle competenze, richieste da quello specifico ruolo. è possibile e consigliabile tracciare un profilo indicativo, facendosi aiutare da quei dipendenti che, ricoprendo quel ruolo, abbiano dimostrato di ottenere brillanti risultati nello svolgere la loro mansione.

L'argomento è complesso, ma un semplice esempio può aiutare, se non altro, a capirne il meccanismo. In qualunque impresa, oggi, dovessimo operare, la conoscenza degli strumenti informatici è richiesta a quasi tutte le posizioni aziendali: quella di un magazziniere, di una segretaria di direzione, del product manager, del contabile o di un'impiegata nell'amministrazione del personale. Il livello di conoscenza richiesto varierà, però, in funzione della operatività insita nelle specifiche mansioni; diventa, perciò, necessario individuare quali capacità gli addetti ai singoli ruoli devono dimostrare di possedere.

È molto probabile che il magazziniere debba usare un software per la gestione delle scorte tipo FIFO (*first in first out*), mentre la segretaria dovrà conoscere i programmi di scrittura (Word), quelli di posta elettronica (Outlook), saper navigare in internet e, talvolta, preparare presentazioni con Power Point. Il product manager userà spesso Power Point ed Excel; il contabile dovrà certamente conoscere software specifici per la contabilità fornitori o clienti, mentre l'impiegata nell'ufficio del personale impiegherà molti dei software previsti per l'amministrazione dei dipendenti quali quelli sulle paghe e contributi.

Ipotizziamo allora, sulla scorta dell'esempio di cui sopra, di dover individuare le competenze del nostro **progettista di scarponi da sci** e verifichiamo il processo che dovrebbe esser seguito per definire il profilo di tale posizione. Iniziamo con il descrivere, in poche righe e avvalendoci anche delle dichiarazioni del CCNL, le responsabilità chiave, cioè quelle che dovrebbero assicurare l'80% dei risultati attesi da quella mansione.

Una possibile stesura potrebbe essere la seguente: «**Progetta il campionario di calzature secondo le esigenze dell'azienda in termini di immagine, target di riferimento, potere di acquisto dei consumatori, area di produzione e destinazione del prodotto. I progetti devono essere proposti nei tempi necessari all'azienda per realizzare e lanciare i modelli nelle stagioni programmate.**»

Possiamo, adesso, sulla scorta delle dichiarate responsabilità, cercare di ricavare le competenze necessarie per gestire al meglio la posizione in oggetto; prima di tutto sarà richiesto, perlomeno, un diploma di disegnatore industriale e la conoscenza degli applicativi software CAD per il disegno tridimensionale. La caratteristica personale, indispensabile per un disegnatore progettista, sarà la creatività e, secondariamente, la pianificazione, in quanto tenuto al rispetto dei rigorosi tempi di produzione.

Il profilo che emergerà costituirà una parte delle *job description* del tuo progettista e, ti faccio notare, un ottimo punto di riferimento da seguire nella fase di reclutamento e di selezione di candidati a quella posizione. La stesura completa di una *job description* prevede l'inserimento di altri dati, quali le dimensioni della mansione e l'identificazione della linea gerarchica.

Mettiamoci allora nei panni del coordinatore del processo di valutazione e, prendendo spunto da uno degli esempi precedenti, ipotizziamo di dover incontrare il responsabile finanziario della ditta, per poter stendere con lui la descrizione delle mansioni **dell'addetto alla contabilità clienti**. Potremo, ragionevolmente, arrivare a concordare con lui il seguente profilo:

- **principali responsabilità**: elabora previsioni sulla situazione economica dei clienti, al fine di evitare all'azienda di dover subire inaspettate insolvenze. È, inoltre, responsabile di effettuare il recupero di eventuali crediti al fine di mantenere i giorni medi di scoperto nei limiti fissati dall'azienda, se necessario, ricorrendo anche all'impiego di consulenti legali;

- **competenze richieste**: è richiesto il diploma in ragioneria, due/tre anni di esperienza come contabile e la conoscenza dei più comuni programmi informatici. Deve saper operare in autonomia, seguendo procedure e metodologie implicanti la scelta di priorità. Il possessore del ruolo deve essere persona con buona capacità di negoziazione e attenzione al cliente;
- **dimensioni**: riportano alla posizione numero "n" dipendenti. Il budget, per eventuali consulenze legali, è di "x" euro;
- **linea gerarchica**: risponde al responsabile finanziario.

Si sta delineando, immagino che tu te ne sia accorto, l'importanza di questo tipo di documentazione; i mansionari, consegnati ai dipendenti, permettono a questi ultimi di sapere esattamente quali attività e quali comportamenti dovrebbero mettere in atto per ottenere risultati eccellenti. Completiamo l'esercizio, compilando la *job description* del **progettista sviluppatore** del settore tessile, categoria calzature.

SOCIETÀ DI PRODUZIONE DI CALZATURE SPORTIVE

DESCRIZIONE DELLE MANSIONI

Posizione: progettista sviluppatore.

Responsabile: nome della persona nella posizione.

Riporta a: titolo del diretto superiore.

Unità di appartenenza: nome della funzione.

Analista: nome di chi ha steso il mansionario.

Approvazioni: nominativi di chi ha approvato il mansionario.

Principali responsabilità: progetta il campionario di calzature secondo le esigenze dell'azienda in termini di immagine, target di riferimento, potere di acquisto dei consumatori, area di produzione e destinazione del prodotto. I progetti devono essere proposti nei tempi necessari all'azienda per realizzare e lanciare i modelli nelle stagioni programmate.

Competenze richieste: è richiesto un titolo di studio di disegnatore industriale, la conoscenza dei più comuni software di disegno e la capacità ottimale di utilizzo del CAD tridimensionale. Deve saper operare in team e, in modo particolare, con i modellisti. È necessaria in alcuni casi, a seconda dell'organizzazione aziendale, la stretta collaborazione con società di progettazione esterne. L'addetto alla mansione deve essere persona dotata di creatività e fantasia.

Dimensioni: inserire eventuali budget di spesa per la realizzazione dei modelli, per acquisti di apparecchiature ecc.

Linea gerarchica: risponde al responsabile del gruppo di progettazione.

Comprendo che un esperto responsabile del processo di valutazione potrebbe stilare, con la collaborazione dei supervisori interessati, delle *job description* più aderenti alla realtà rispetto a quelle degli esempi appena fatti; ma a me interessava, essenzialmente, indicare una metodologia di lavoro. Ti faccio anche notare che non occorre una modulistica particolare per la stesura dei mansionari ed è sufficiente, come nell'esempio appena descritto, utilizzare la carta intestata dell'azienda.

SEGRETO n. 12: le *job description* sono la chiave di qualunque sistema di valutazione delle prestazioni. I dipendenti devono sapere perché esiste la loro mansione, cosa c'è da fare, come le cose devono essere fatte.

Una volta terminata la stesura delle *job description* di tutte le posizioni che si vorranno sottoporre a valutazione, ricordati che è consigliabile, per motivi legali, provvedere alla distribuzione delle stesse ai dipendenti interessati e ai nuovi dipendenti, al momento dell'assunzione. Può, purtroppo, accadere che si debba procedere a un licenziamento nel periodo di prova o alla risoluzione di un contratto a tempo indeterminato per negligenza del lavoratore.

Il magistrato, se il dipendente dovesse impugnare il licenziamento, tenderà, per prima cosa, ad accertarsi se gli erano state ben chiarite le sue mansioni, poiché, in caso contrario, potrebbe arrivare ad annullarlo. È dunque prudente che una copia delle *job description*, controfirmata dal lavoratore, venga archiviata dalla funzione del personale o da chi ne fa le veci. È inoltre consigliabile, ogni due o tre anni, rivedere i mansionari allo scopo di verificarne la validità o per aggiornarli con nuove posizioni.

Abbiamo visto come si determina, per ogni ruolo aziendale, il "cosa c'è da fare" e quali competenze sono necessarie; occorre, adesso, introdurre il concetto degli standard di prestazione, per arrivare a definire il "come le cose devono essere fatte". Tutta la nostra vita, in un modo o in un altro è costruita intorno a degli standard; il successo o l'insuccesso, in ogni cosa che facciamo, è determinato dall'esistenza di alcuni standard a cui riferirsi!

SEGRETO n. 13: l'azienda deve possedere un sistema di riferimento per comunicare ai dipendenti, in modo chiaro, le responsabilità e i risultati attesi da una determinata posizione.

Chiariamo, prima di tutto, la differenza tra standard e obiettivi:

- **lo standard di prestazione** è un risultato, ottenibile con un certo sforzo, da tutti i possessori dello stesso ruolo e che, se raggiunto, rientra nelle normali attese dell'azienda;
- **l'obiettivo** è un risultato, indifferentemente qualitativo o quantitativo, di natura individuale, che, se raggiunto, permette di correggere deviazioni od ottenere risultati anche superiori alle attese aziendali.

Definire degli standard di prestazione, in un sistema di valutazione del personale, significa chiarire, sia ai capi che ai dipendenti, le aspettative aziendali; dipendente e supervisore possono facilmente capire quando si evidenziano delle lacune nelle prestazioni e ciò facilità la messa in atto di azioni di addestramento o sviluppo, per recuperare il divario creatosi tra le aspettative e i risultati attuali. Come si definisce uno standard? Uno standard è un accordo scritto, stabilito tra capo e dipendente, che descrive le condizioni alle quali una prestazione sarà considerata completamente soddisfacente.

Lo standard può essere graficamente considerato come una linea sopra la quale una prestazione inizia a essere considerata sopra la media, e al di sotto della quale inizia a essere considerata insoddisfacente. Non ti voglio nascondere che la definizione degli standard è molto semplice per certe mansioni e decisamente più difficile per altre; ma, ti dimostrerò, non impossibile.

SEGRETO n. 14: uno standard è un accordo scritto, stabilito tra capo e dipendente, che descrive le condizioni alle quali una prestazione sarà considerata completamente soddisfacente.

Esistono, generalmente parlando, due tipi di standard: **standard oggettivi** e **standard soggettivi**. Quelli oggettivi possono essere facilmente dimensionati e misurati come, ad esempio:

- standard tecnici: unità/ora, costo/unità, vendite/anno;
- standard storici: confronti/mese precedente, confronti/anno precedente;
- standard comparativi: statistiche industriali, turnover, crediti da clienti.

Gli standard soggettivi si riferiscono essenzialmente ai comportamenti, si esprimono tramite opinioni e, dunque, sotto un certo profilo, sono più aleatori. Riassumiamo graficamente il percorso per arrivare a definire gli standard di prestazione:

JOB DESCRIPTION → **RESPONSABILITÀ CHIAVE** → **STANDARD**

Dobbiamo adesso imparare a identificare e scrivere degli standard di prestazione per ogni ruolo che si è deciso di sottoporre al processo di valutazione. È questo il momento di chiarire qual è il differente compito, tra il coordinatore del progetto e i supervisori, nel determinare la formulazione degli standard.

SEGRETO n. 15: il coordinatore del progetto ha la responsabilità di individuare la tipologia degli standard di prestazione, mentre i supervisori ne devono concordare la qualità con i loro dipendenti.

Gli standard possono essere formulati, per ogni principale responsabilità identificata, in termini di qualità, quantità, costi e tempi di realizzazione; l'ideale è descrivere due/quattro standard per responsabilità chiave. Si tengano presenti queste facili regole nella stesura:

- **stile positivo**: la prestazione sarà considerata efficace se verrà raggiunto un certo risultato atteso dall'azienda;
- **stile negativo**: la prestazione sarà considerata efficace se non avverranno un certo numero di fatti negativi per l'azienda. Ad esempio un minimo numero di reclami;

- **stile tolleranza zero**: la prestazione sarà ritenuta efficace se non avverranno assolutamente fatti negativi per l'azienda. Ad esempio, nessun reclamo. Questo stile deve essere usato solo per casi particolari, poiché non ammette alcun margine d'errore.

Vediamo, allora, che tipi di standard possono essere proposti dal coordinatore ai vari supervisori, in funzione delle diverse funzioni aziendali e delle diverse principali responsabilità da sottoporre a valutazione; la lista, pur essendo nutrita, non deve essere considerata esaustiva, poiché altri e più innovativi standard potrebbero esserne trovati con l'acquisizione di un'approfondita esperienza nei processi di valutazione.

Formulazione degli standard di prestazione

Qui di seguito si riportano alcuni esempi di come formulare gli standard di performance, a seconda di che cosa si vuole misurare:

- **output di una mansione**: gli standard possono riferirsi alle unità prodotte, al numero di vendite, al numero di lettere preparate, al guadagno sulle commissioni, al numero di visite al giorno, ai rapporti completati per una data stabilita;

- **qualità del lavoro**: si può misurare attraverso il numero di scarti, il costo di danni, gli errori di archiviazione, il numero di merce restituita, il numero di clienti scontenti, i costi di garanzia;
- **piani di addestramento**: utilizzare il tempo necessario per raggiungere i risultati attesi, il costo del materiale di addestramento, il completamento di un corso di addestramento, il numero di programmi preparati, il numero di personale sviluppato per nuovi incarichi;
- **motivazione del personale**: prendere a riferimento il numero delle lagnanze ricevute, i risultati delle indagini sul morale, il numero dei contributi o suggerimenti ricevuti dal personale;
- **risultati di vendita**: gli standard classici sono il numero delle unità vendute, l'incremento su anno precedente, la penetrazione di mercato, le quote di mercato;
- **controllo delle spese**: si possono considerare le variazioni percentuali sul budget di spesa, la riduzione delle spese su un precedente periodo, il valore dei risparmi a fronte di cambi di procedure;
- **risultati di profitto**: gli standard più usati sono il ritorno sui capitali investiti, la percentuale di profitto sulle vendite, il

profitto per linee di prodotto;

- **risultati tecnici**: basare gli standard sul numero di progetti di ricerca realizzati in tempo e nel rispetto dei budget, sul costo di ciascun progetto di ricerca in confronto al budget, sui risparmi realizzati con i nuovi progetti, sul potenziale contributo all'andamento delle vendite;
- **manutenzione degli impianti**: usare la quantità dei fermi di impianto, il costo della manutenzione per apparecchiatura, la percentuale di incremento o decremento del costo di manutenzione, il rapporto tra costo di manutenzione e costo di produzione.

La stesura di standard e obiettivi prevede il rispetto di alcune regole, affinché possano essere accettati e condivisi dai dipendenti:

- devono essere **specifici, misurabili, raggiungibili e definiti nel tempo**;
- l'azienda deve poter fornire ai capi i mezzi per **valutarne il grado di raggiungimento**;
- la formulazione di valori quantitativi deve permetterne il **possibile superamento**, poiché, in caso contrario, otterranno

l'effetto di demotivare il dipendente;

- gli obiettivi possono essere scelti tra i **progetti della direzione**, possono derivare da progetti di **miglioramento individuale**, possono essere parte integrante di **obiettivi di reparto**;
- **due/tre obiettivi per anno** sono sufficienti;
- devono essere studiati, proposti e concordati **all'inizio di ogni nuovo anno**.

L'ultimo punto merita qualche commento più approfondito, perché è spesso motivo di contrasti tra capi e dipendenti; il momento teoricamente corretto, per concordare i nuovi standard e obiettivi, è quello immediatamente a seguire la valutazione di fine anno. Analizzato quanto accaduto nell'anno appena trascorso, sarebbe opportuno pianificare il lavoro da compiere per l'anno entrante ma, frequentemente, gli obiettivi aziendali non sono ancora stati definiti e per i capi diventa impossibile stabilire degli standard che siano coerenti con le aspettative del management.

Considerato che ci sono tempi tecnici talvolta incomprimibili, l'azienda deve fare il massimo sforzo per stabilire i propri obiettivi il più rapidamente possibile, poiché è molto demotivante per i dipendenti ricevere i nuovi obiettivi, quando sono trascorsi svariati mesi dall'inizio dell'anno.

Riprendiamo, allora, l'esempio del **progettista sviluppatore** analizzato in precedenza, ricordando come avevamo definito le sue responsabilità: «**Progetta** il campionario di calzature secondo le **esigenze dell'azienda** in termini di immagine, target di riferimento, potere di acquisto dei consumatori, area di produzione e destinazione del prodotto. I progetti devono essere **proposti nei tempi necessari** all'azienda per realizzare e lanciare i modelli nelle stagioni programmate.»

Domandiamoci cosa amministra, cosa gestisce, quali risultati deve produrre e, di seguito, estraiamo, dalla frase, tutti quei concetti che possono giustificare la definizione di uno standard:

- progetta il campionario di calzature;
- propone i progetti in tempi prestabiliti;
- i progetti devono rispettare precise esigenze aziendali.

Risaliamo, adesso, all'elenco relativo alla formulazione degli standard e noteremo che possiamo intervenire in due aree: **output** e **risultati tecnici**. Lo sviluppo di progetti implica un aspetto qualitativo, uno quantitativo e il rispetto di una certa tempistica.

È indubbio che il progettista, ogni anno, dovrà preparare i piani entro date che siano compatibili con le esigenze di business. Un primo standard potrebbe dunque essere il seguente: «**Presentare "n" progetti/anno e perlomeno l'x% di essi deve essere approvato dall'azienda**.»

Un secondo standard dovrà essere indirizzato al rispetto della tempistica, con una formulazione molto semplice: «**I progetti vanno presentati entro il… di ogni anno**.» Troviamo adesso uno standard che sia indirizzato a misurare gli aspetti qualitativi della prestazione, come ad esempio: «**I modelli delle calzature non devono provocare errori di produzione se non nell'x% dei casi**.»

L'analisi della *job description* ci fa capire che il nostro disegnatore potrebbe aver bisogno di ricorrere a consulenze esterne, per cui possiamo proporre uno standard che serva a monitorare il budget di spesa, formulandolo in questo modo: «**Le**

spese di consulenza con società di progettazione esterne non dovranno superare x mila euro con una variazione del + - y%.»

Ti ricordo che quattro o cinque standard, ben individuati, sono più che sufficienti per poter esprimere una corretta valutazione delle prestazioni di un dipendente. Potremo invece aggiungere degli obiettivi personali, facendo ben attenzione a non confondere tra standard e obiettivi ma, soprattutto, che non ci siano contraddizioni tra questi. Gli obiettivi possono discendere dall'appartenenza a un certo team, da indirizzi forniti dalla direzione aziendale o dalla necessità di correggere e sviluppare determinate capacità individuali.

Continuiamo a seguire il nostro progettista sviluppatore e immaginiamo che l'azienda, in un certo anno, progetti d'introdursi in un nuovo mercato geografico con un target potenziale a basso potere di acquisto; in questo caso un obiettivo per lo sviluppatore potrebbe essere: «**Progettare un paio di modelli di scarponi da sci il cui costo di produzione non superi "n" euro, con una variazione del + - x%.**»

Possiamo, per ultimo, considerare l'ipotesi di obiettivi individualizzati, progettati per correggere o sviluppare capacità e caratteristiche personali; sono obiettivi qualitativi da ricercarsi, di norma, tra le competenze e i comportamenti richiesti per gestire al meglio il proprio ruolo.

Abbiamo visto che, ad esempio, in alcuni casi il progettista può avere la necessità **di ricorrere alla stretta collaborazione con società di progettazione esterne**; ciò presuppone che il dipendente sappia lavorare in team! Un obiettivo, in caso di scarsa propensione sotto questo profilo, potrebbe prevedere il miglioramento della sua capacità di lavorare in gruppo, progettando per il dipendente **la partecipazione a corsi sul *team building***.

Possiamo dunque concludere che l'individuazione di standard e obiettivi non è un facile esercizio ma, con una corretta attenzione all'attività del dipendente e con un pizzico di creatività, è sempre possibile descrivere un sistema di riferimento accettabile sia dall'azienda sia dallo stesso dipendente.

A questo punto, voglio concludere raccontandoti cosa può succedere, anche in una grande azienda, nel caso non si sia messo a punto un efficace processo di valutazione. La The Upjohn Company, azienda multinazionale del settore farmaceutico, concluse, nel lontano 1995, un accordo di fusione con la multinazionale Svedese Pharmacia.

Ero allora direttore del personale della Upjohn S.p.A. e, nel processo di ristrutturazione che seguì alla fusione, fui nominato responsabile delle risorse umane per le forze operative esterne, leggi: informatori scientifici del farmaco, della nuova società Pharmacia-Upjohn S.p.A. Il mio collega, direttore vendite della Upjohn S.p.A., divenne il direttore vendite del nuovo gruppo di informatori scientifici: un gruppo di circa 600 dipendenti in quanto sommava gli informatori delle due precedenti aziende.

La Upjohn S.p.A. aveva in essere un processo di valutazione esteso a tutto il personale aziendale, seppure con una differenziazione; il processo era qualitativo-quantitativo per i dirigenti, quadri, personale specialistico e, ovviamente per gli informatori. Era puramente qualitativo per tutto il rimanente personale.

Quando con il mio collega iniziammo ad approfondire la conoscenza dei dipendenti provenienti da Pharmacia, ci rendemmo conto che, nella pratica, non esisteva, in quella azienda, un vero e proprio processo di valutazione. I lavoratori, alla fine dell'anno, avevano un incontro con il proprio capo, durante il quale si discuteva dei risultati raggiunti, senza però ricevere una formale valutazione.

Un giorno il direttore generale della nuova società convocò il collega direttore vendite, chiedendogli di verificare il perché la cosiddetta "coda" degli informatori, ovvero i dipendenti con i peggiori risultati aziendali, avessero delle prestazioni significativamente più basse della media di tutti gli altri. Furono selezionate le peggiori cinquanta prestazioni, dopodiché iniziò l'analisi da parte dei diretti superiori.

In venti casi furono trovate ragionevoli spiegazioni quali la giovane esperienza degli interessati, stati di malattia prolungati ed errori nell'assegnazione di vendite. Nessuna spiegazione logica fu trovata nei rimanenti trenta casi, per cui si decise di affidare a un'agenzia investigativa l'incarico di verificare se fossero in atto comportamenti fraudolenti da parte degli interessati.

L'indagine, purtroppo, confermò che circa una ventina di informatori non prestava alcuna attività lavorativa, senza che nessuno, sino a quel momento, se ne fosse mai accorto. Seguirono i licenziamenti in tronco: in diciassette casi la magistratura del lavoro non accolse il ricorso dei dipendenti, approvando, in pratica, l'operato dell'azienda.

Quando si fece il consuntivo della situazione fu evidente che uno solo dei licenziati proveniva dalla Upjohn S.p.A. e tutti i rimanenti dalla Pharmacia. Trai tu stesso le conclusioni da questo esempio, che non è stato costruito ad arte, ma fa parte di una reale esperienza aziendale. Ebbi la possibilità di compiere una seconda osservazione, se la prima non fosse bastata, che mi convinse ulteriormente degli effetti deleteri provocati dall'assenza di un vero ed efficiente processo di valutazione.

La Upjohn S.p.A. applicava una politica retributiva squisitamente meritocratica: per cui, ogni anno, la direzione del personale incontrava i supervisori per decidere, in base ai risultati delle valutazioni, se e quanto mettere in budget per eventuali aumenti salariali di merito. Ogni tanto sorgevano discussioni per qualche ovvia divergenza d'opinione, ma, in linea di massima, i capi rispettavano il principio secondo il quale, se la valutazione di un dipendente era stata nelle aspettative o negativa, non era pensabile chiedere per lui alcun riconoscimento economico.

Iniziai, al momento opportuno, il mio giro nella nuova azienda e rimasi scioccato dall'accoglienza di due responsabili di divisione; il primo mi apostrofò dicendo: «Ecco! Siamo alla solita distribuzione annuale dei pani e dei pesci.» e il secondo mi chiese di finanziare dei corsi d'inglese per alcuni suoi dipendenti per i quali mi rifiutavo di prevedere aumenti di salario, viste le prestazioni ottenute.

Questi comportamenti sono la logica conseguenza di una politica che non tiene conto dei reali contributi dei lavoratori e, inoltre, demotiva coloro che, animati da buona volontà e in possesso di buone capacità, vedono che l'azienda non fa alcuna distinzione tra loro e i colleghi fannulloni o incapaci.

RIEPILOGO DEL GIORNO 3:

- SEGRETO n. 11: il coordinatore del processo di valutazione avrà il compito di definire le “responsabilità chiave” delle singole mansioni.
- SEGRETO n. 12: le *job description* sono la chiave di qualunque sistema di valutazione delle prestazioni. I dipendenti devono sapere perché esiste la loro mansione, cosa c’è da fare, come le cose devono essere fatte.
- SEGRETO n. 13: l’azienda deve possedere un sistema di riferimento per comunicare ai dipendenti, in modo chiaro, le responsabilità e i risultati attesi da una determinata posizione.
- SEGRETO n. 14: uno standard è un accordo scritto, stabilito tra capo e dipendente, che descrive le condizioni alle quali una prestazione sarà considerata completamente soddisfacente.
- SEGRETO n. 15: il coordinatore del progetto ha la responsabilità di individuare la tipologia degli standard di prestazione, mentre i supervisori ne devono concordare la qualità con i loro dipendenti.

GIORNO 4:
Come valutare capacità e caratteristiche

Siamo adesso pronti per compiere un ulteriore passaggio nel processo di valutazione, cioè apprendere come valutare le capacità e le caratteristiche personali necessarie a svolgere efficacemente una determinata mansione. Similmente a quanto fatto per le prestazioni, dobbiamo costruire un sistema di riferimento e, come anticipato, sarà il sistema delle competenze ad aiutarci in questo lavoro.

SEGRETO n. 16: le competenze, che rendono una persona idonea a svolgere efficacemente il proprio lavoro, possono essere misurate sulla base di standard accettati, ed essere perfezionate tramite l'esperienza o la formazione.

Un esempio ci farà immediatamente entrare nel problema; ammettiamo si sia stabilito che, per svolgere una certa mansione, è necessario possedere una buona capacità organizzativa. Come possiamo misurare il grado di organizzazione posseduto da un dipendente, in modo che la misura non sia soggettiva, ma la più oggettiva possibile? Approfonditi studi in questo campo, compiuti con indagini effettuate su migliaia di individui, dimostrano che tutte le persone che possiedono una certa capacità a un livello ottimale mettono in atto comportamenti pressappoco simili.

Si può, allora, affermare che il possesso di una determinata capacità o caratteristica personale può essere misurata attraverso degli **indicatori di comportamento**, tipici di quella capacità o caratteristica. La tabella 2 seguente riassume in maniera semplice il concetto appena esposto, applicato alla capacità organizzativa.

Trovi nella prima colonna la definizione della capacità e nella seconda un elenco di comportamenti, che dovrebbero essere messi in atto a seconda dei diversi ruoli aziendali, tutti richiedenti una buona capacità organizzativa. Gli indicatori sono elencati in ordine di complessità crescente, a dimostrazione che alcune mansioni, a responsabilità sempre più complesse, richiedono un più alto grado di organizzazione.

Tab. 2: valutazione della capacità organizzativa

Capacità	**Comportamenti espressi**
Predisporre la propria attività in base a piani precisi, definendo obiettivi, tempi e azioni che utilizzino in modo efficace le risorse affidate.	Organizza e sistematizza le informazioni in modo utile. Usa le risorse in modo efficiente ed efficace. È capace di condurre molteplici attività contemporaneamente, per raggiungere un obiettivo. Riesce a mobilitare le risorse (persone, mezzi e strumenti) per realizzare gli obiettivi.

SEGRETO n. 17: un processo di valutazione completo richiede la definizione degli indicatori di comportamento relativi alle capacità e caratteristiche definite nei mansionari.

Si pone, come successiva conseguenza, il problema della cosiddetta **mappatura delle competenze** e della definizione dei comportamenti, che chi ricopre un ruolo deve mettere in atto per stabilire che la sua capacità e/o caratteristica è posseduta a un livello necessario per svolgere efficacemente la sua mansione. Non esistono manuali già pronti che riportano tabelle come quella sopra esemplificata, frutto di esperienze personali, maturate operando nella funzione delle risorse umane di diverse aziende.

Puoi, infatti, comprendere che non sarebbe corretto descrivere competenze che valgano per qualunque tipo d'azienda e per qualunque ruolo; ci sono però alcune capacità di carattere generale che si richiedono a molti ruoli di quasi tutte le aziende, per cui di queste ti fornirò diversi esempi nelle prossime pagine.

Hai essenzialmente tre metodi per descrivere, invece, quelle competenze che dovrebbero essere peculiari della tua azienda. Ogni metodo ha, ovviamente, i suoi vantaggi e svantaggi:

1) Intervento di una società di consulenza, specificamente studiato per la gestione integrata delle risorse umane. Alcuni di questi interventi sono fondati sul sistema delle competenze, in modo tale che un'azienda possa rilevare, gestire e sviluppare il suo portafoglio di competenze in coerenza con i valori, gli obiettivi e le strategie di business. Questi interventi, una volta realizzati, consentono alle grandi aziende di individuare e di valorizzare con precisione le competenze richieste da ogni singolo ruolo aziendale e quelle che ogni individuo possiede nel suo bagaglio personale. L'intervento consulenziale può, addirittura, partire dalla formulazione delle *job description*, proseguire con l'individuazione delle competenze e dei comportamenti osservabili, passare alla mappatura delle competenze aziendali e, perfino, alla sua gestione applicativa.

È ovvio che una tale decisione è giustificata solamente per aziende di grandi dimensioni, con un elevato numero di posizioni da valutare. Importanti società informatiche forniscono anche software molto complessi con i quali è possibile effettuare una gestione completa delle risorse umane. Tieni presente che completare un progetto, affidato a una società di consulenza, può richiedere fino a sei mesi di tempo e l'adozione di un software sino a un anno di tempo per la sua totale realizzazione.

2) Intervento di un consulente che agisca da tutor per il coordinatore del processo di valutazione e che lo aiuti a definire solamente gli indicatori di comportamento, sulla scorta delle competenze emerse dalle *job description*.

3) **Addestramento fornito al coordinatore**, attraverso la partecipazione a seminari e lo studio di pubblicazioni specifiche quali quella di Lyle M. Spencer dal titolo *Competenza nel lavoro*, edizioni Franco Angeli. Questa è la decisione che meglio si adatta alle piccole e medie aziende; una volta addestrato, sarà lo stesso coordinatore a descrivere gli indicatori di comportamento, con l'aiuto di un comitato nominato dalla direzione.

Ribadisco, con l'intento di essere d'aiuto al tuo eventuale coordinatore, i passaggi che devono essere seguiti per arrivare a stilare un buon documento sulle competenze:

- **individuazione delle competenze**: è il processo che, nella descrizione delle mansioni, identifica quali capacità e caratteristiche deve possedere il detentore di un certo ruolo, per poter svolgere con successo il suo compito;
- **traduzione delle competenze in comportamenti osservabili**: è il momento in cui si definisce cosa s'intende per una certa competenza e si identificano gli indicatori di comportamento

con i quali valutare il grado di possesso del singolo individuo;

- **mappatura delle competenze**: una volta definite le competenze e descritti i comportamenti osservabili, sarebbe necessario attribuire a singoli ruoli, o a famiglie professionali, le cosiddette "attese comportamentali".

Ricordi il precedente esempio sulla conoscenza degli strumenti informatici? In tutte le aziende la conoscenza di questi strumenti è richiesta alla quasi totalità delle figure aziendali, ma non per tutte allo stesso livello. Lo stesso vale per qualunque competenza; ad esempio, la capacità di negoziare è richiesta a un responsabile vendita, a un responsabile del personale, a un amministratore delegato. Certo è che il livello atteso sarà diverso. Pensa a un responsabile del personale che deve condurre trattative sindacali: avrà bisogno, certamente, di un livello di capacità superiore a quello atteso per un responsabile vendita.

Applichiamo il concetto di mappatura alla competenza "capacità organizzativa" precedentemente descritta; nella colonna corrispondente agli indicatori di comportamento sono descritti quattro tipi di comportamenti. Nota come sono diversi i comportamenti attesi dai diversi ruoli professionali, che possono essere così riuniti in famiglie professionali. La tabella 3, che segue, riproduce quella che potrebbe essere la mappatura della competenza “capacità organizzativa”.

Questo modo di operare, applicato a tutte le competenze che emergono dalla *job description*, permette la stesura di un documento, che fornisce ai capi le seguenti informazioni:

- **a quali famiglie professionali** appartengono i loro uomini;
- **quali competenze** vengono richieste alle specifiche famiglie professionali;
- **quali sono i comportament**i attesi, per poter valutare come corretto il grado di possesso di una specifica capacità.

Analizziamo, allora, la tabella 3 e verifichiamo come possiamo utilizzarla nel processo di valutazione; ci accorgiamo che alla famiglia dei capi reparto è richiesta la competenza “capacità organizzativa” e che devono essere in grado sia di “organizzare e sistematizzare le informazioni in modo utile”, sia di “usare le risorse affidate in modo efficiente ed efficace”.

Tab. 3: mappatura delle competenze

Competenza	Indicatori	Famiglie professionali
Capacità organizzativa	Organizza e sistematizza le informazioni in modo utile.	Assistenti alla direzione, impiegati con funzioni direttive.
	Usa le risorse affidate in modo efficiente ed efficace.	Capi reparto.
	È capace di condurre molteplici attività contemporaneamente, per raggiungere un obiettivo.	Supervisori di vendita, manager di prima linea.
	Riesce a mobilitare le risorse (persone, mezzi e strumenti) per realizzare gli obiettivi.	Responsabili di funzione, direttori di divisione.

SEGRETO n. 18: mappare le competenze significa raggruppare in famiglie professionali tutti quei ruoli a cui

viene richiesto di adottare uno o più comportamenti identici, necessari per ottenere risultati eccellenti.

Vediamo, insieme, alcune capacità/caratteristiche con i loro indicatori di comportamento, che, data la loro natura, si adattano a qualunque tipo di azienda. Queste sono definite "competenze trasversali", in quanto possono interessare, se non tutti, sicuramente diversi ruoli aziendali.

Queste competenze vengono suddivise in quattro categorie:

- competenze cognitive, come la flessibilità e la creatività;
- competenze emozionali, come la gestione dei conflitti e la risoluzione dei problemi;
- competenze gestionali, e cioè la pianificazione, l'organizzazione, l'orientamento ai risultati e l'orientamento al cliente;
- competenze relazionali, quali la capacità di persuasione e la capacità di negoziazione.

Competenze cognitive

Le tabelle 4 e 5 forniscono gli indicatori di comportamento per le caratteristiche della flessibilità e della creatività, seguendo sempre la regola dell'ordine crescente di difficoltà, in funzione dei diversi ruoli professionali.

La caratteristica della "flessibilità" fa parte di quelle competenze che influiscono sull'efficacia personale ed è fondamentale per quei ruoli professionali che richiedono una significativa maturità; da questa competenza dipende l'efficacia delle prestazioni individuali anche in situazioni critiche e difficili.

Essere flessibile significa avere la volontà di adattarsi, mantenendo una giusta efficacia, a una gamma di situazioni e persone diverse; chi è flessibile riesce ad accettare facilmente cambiamenti organizzativi e di mansione. Essere flessibile, infine, non significa essere tollerante, in quanto la tolleranza sottintende la sopportazione di una situazione non gradita. Ed ecco, a seguire, la tabella 4.

Tab. 4: valutazione della caratteristica della flessibilità

Caratteristica	Comportamenti espressi
Adattarsi con successo ai cambiamenti richiesti e alle nuove condizioni.	Riconosce la validità dei punti di vista degli altri. Si adatta facilmente ai cambiamenti di situazione sul lavoro. Cambia il proprio comportamento o modo di lavorare per adattarsi alla situazione. Applica in modo flessibile le regole e le procedure, per realizzare gli obiettivi aziendali.

La caratteristica “creatività” è da ricercarsi per tutte quelle posizioni che, in un modo o nell’altro, sono collegate a processi di ricerca e sviluppo dei prodotti. Casi tipici sono, ad esempio, i designer industriali in qualunque settore industriale, o i ricercatori dell’industria farmaceutica e cosmetica. È ovvio che una tale caratteristica non può e non deve essere attesa da qualunque ruolo che abbia a che fare con l’amministrazione finanziaria e l’amministrazione del personale.

Essere creativo significa immergersi in un problema, cercare un ampio raggio di collegamenti, lasciar crescere le idee; la creatività è una caratteristica preziosa perché quasi tutte le aziende, per avere successo, hanno bisogno di nuovi prodotti e/nuovi servizi. Il problema è che la scuola, l'educazione, la ripetitività di certi lavori possono avere l'effetto di congelare la creatività.

Tab. 5: valutazione della caratteristica della creatività

Caratteristica	Comportamenti espressi
Orientamento a ricercare soluzioni originali ed efficaci, non riferite a schemi tradizionali o già adottati, restando in sintonia con gli obiettivi da perseguire.	Il suo contributo in situazioni di *brain storming* è considerato originale e di valore. Costruisce facilmente nessi tra aspetti o concetti apparentemente non collegati. Produce molte idee nuove e originali.

Competenze emozionali

La più conosciuta e la più richiesta, a livello manageriale, è la "gestione dei conflitti", che, sul posto di lavoro, richiede abilità molto complesse perché vanno tenuti in considerazione, contemporaneamente, tre fattori: l'influenza sul raggiungimento di obiettivi personali, il mantenimento o meno di accettabili relazioni sociali e l'effetto sul raggiungimento dei risultati attesi dall'azienda.

Le profonde trasformazioni apportate negli ultimi anni alle strutture aziendali hanno modificato i rapporti di autorità, diminuendo in modo significativo i livelli gerarchici. È oggi necessario rendersi conto che, qualora insorgessero dei conflitti, ben difficilmente si potranno risolvere con interventi autoritari e, dunque, bisognerà cercare di raggiungere i propri obiettivi senza sacrificare i rapporti con le controparti. Questo richiede capacità di negoziazione tanto più sofisticate quanto più cresce la complessità organizzativa.

Le cosiddette "organizzazioni a rete" sono quelle che, di norma, richiedono agli appartenenti di possedere notevoli capacità di gestione dei conflitti. Nelle organizzazioni a rete, infatti, è frequente che si debba rispondere a più capi contemporaneamente o si faccia parte di team che hanno, come membri, dipendenti provenienti da diverse funzioni aziendali, o si risponda a dei *project leader* che non sono i capi diretti. È facile comprendere che, con questo tipo di relazioni, è statisticamente più probabile che possano insorgere dei conflitti interpersonali.

Tab. 6: valutazione della capacità di gestione dei conflitti

Caratteristica	Comportamenti espressi
Capacità di affrontare e tenere sotto controllo situazioni che originano contrasti all'interno dei gruppi e tensioni nei rapporti interpersonali.	Ascolta in modo mirato. Affronta i conflitti che vede come opportunità. Realizza difficili accordi e sistema le controversie con equità. Riesce a trovare le aree di comune interesse e a ottenere cooperazione.

La capacità di "risoluzione dei problemi" è una competenza richiesta a un gran numero di posizioni aziendali, poiché non esiste mansione, unità, reparto, funzione che non si trovi, più o meno frequentemente, ad affrontare situazioni che richiedono comportamenti necessari a risolvere efficacemente problemi di lavoro.

Tab. 7: valutazione della capacità di risoluzione dei problemi

Caratteristica	Comportamenti espressi
Orientamento a ricercare le risposte più adatte ed efficaci alle situazioni difficili e ai temi complessi, tentando strade diverse.	Va al di là dell'ovvio e non si accontenta della prima soluzione. Svolge analisi oneste e appassionate. Ricerca tutte le fonti utili per avere risposte. Utilizza metodo e logica per risolvere efficacemente i problemi.

Competenze gestionali

Appartengono a questa categoria la capacità di pianificazione, quella di organizzazione, l'orientamento ai risultati e l'orientamento al cliente. Tralascio la capacità organizzativa, di cui abbiamo già parlato, per prendere invece in considerazione la pianificazione. Nulla aiuta meglio di un buon piano per portare avanti qualunque progetto.

Aiuta le persone che devono lavorare, favorisce un migliore uso delle risorse e permette di anticipare i problemi; la capacità di pianificazione è, dunque, una competenza richiesta alla quasi totalità dei ruoli aziendali. Lavorare con persone che non pianificano disorienta colleghi ed eventuali dipendenti, come anche lavorare con chi pianifica in eccesso; chi, infatti, è troppo dipendente dalle regole diventa inflessibile e incontra grossi problemi quando si trova a dover gestire cambiamenti rapidi.

Tab. 8: valutazione della capacità di pianificazione

Caratteristica	Comportamenti espressi
Capacità di predefinire le attività da svolgere tramite le risorse disponibili, per il raggiungimento di uno o più obiettivi in funzione della variabile tempo.	Individua accuratamente tempi e difficoltà nei compiti e progetti. Definisce scopi e obiettivi. Sviluppa calendari di attività. Misura le prestazioni rispetto agli obiettivi. Valuta i risultati.

Passiamo ad analizzare l'orientamento ai risultati; questa è una caratteristica richiesta, in linea di massima, a tutti i dipendenti, ma diventa essenziale per i ruoli commerciali, sia per le figure di vendita propriamente dette sia per i corrispettivi livelli di supervisione.

Produrre risultati impegna l'individuo su molti fronti: deve sapere definire le priorità, fissarsi degli obiettivi, sapere utilizzare le risorse, essere perseverante e sapere gestire lo stress e la tensione.

Tab. 9: valutazione della capacità di orientamento ai risultati

Caratteristica	Comportamenti espressi
Capacità di indirizzare costantemente la propria e l'altrui attività al conseguimento degli obiettivi organizzativi, influenzando attivamente gli eventi e fornendo un livello di prestazione coerente alla natura e all'importanza degli stessi.	È impegnato a superare i risultati attesi. Fornisce costantemente e consistentemente le migliori prestazioni. Tiene costantemente sotto pressione se stesso e gli altri, per produrre risultati. È sempre attento al risultato finale.

L'ultima capacità gestionale da analizzare è l'orientamento al cliente. La visione attuale e corretta delle funzioni di staff ha contribuito a estendere la definizione del **soggetto cliente**; questi non è più solamente colui che acquista i prodotti della tua azienda ma è anche qualunque dipendente che, per svolgere efficacemente il suo lavoro, ha bisogno del supporto delle funzioni di staff.

Funzioni quali quelle del personale e dell'amministrazione devono considerare come clienti le altre funzioni aziendali e, dunque, mettere in atto comportamenti coerenti con questa politica.

Bisogna dunque evitare di assumere posizioni arroganti, mettersi sulla difensiva se criticati, avere scarsa disponibilità all'ascolto.

La difficoltà sta nel trovare un giusto equilibrio tra la disponibilità a esaudire le richieste dei clienti e il mantenere una posizione di rifiuto quando queste siano esagerate e dannose per l'azienda.

Tab. 10: valutazione della capacità di orientamento al cliente

Caratteristica	Comportamenti espressi
Capacità di indirizzare costantemente la propria e l'altrui attività al conseguimento di un soddisfacente livello di servizio al cliente (interno/esterno), coerentemente con gli standard e gli obiettivi organizzativi.	Si impegna per soddisfare le aspettative dei clienti interni ed esterni. Ottiene facilmente informazioni dai clienti e le utilizza per migliorare i servizi. Stabilisce e mantiene rapporti efficaci con i clienti. Ottiene dai clienti fiducia e rispetto.

Competenze relazionali

Persuadere significa provocare un cambiamento nell'opinione degli interlocutori, trasferendo a loro le tue idee. Non nascondo che ci sono molti detrattori dell'uso delle tecniche di persuasione, in quanto tese a condizionare le decisioni di una persona. Esiste, però, un'interpretazione positiva dell'arte di persuadere, specialmente se diretta a prevenire i conflitti; la persuasione rifiuta interventi pesanti come, ad esempio, il ricorso all'autorità.

Tab. 11: valutazione della capacità di persuasione

Caratteristica	Comportamenti espressi
Capacità di persuasione è l'abilità di influenzare e convincere gli interlocutori, in modo tale da ottenere accettazione, accordo o cambiamenti di comportamento.	Prevede l'effetto della propria iniziativa sull'idea che gli altri si fanno di lui. Fa appello alla ragione, ai dati di fatto, alle cifre. Raccoglie alleanze politiche per trovare un sostegno alle proprie idee. Usa le tecniche di conduzione di gruppo per influenzare il team.

La persuasione non si pone l'obiettivo di convincere qualcuno contro la sua volontà e, dunque, non possono essere usate minacce, ricatti, corruzione e così via. È una competenza molto richiesta al personale commerciale e a molte figure manageriali.

Un'altra competenza, per la quale ritengo utile fornirti degli indicatori di comportamento, è la "capacità di negoziazione". Ti faccio notare che, all'origine di qualsiasi approccio negoziale esiste un problema di fondo, come pure nella gestione dei conflitti, originato da una duplice necessità: il desiderio di raggiungere il tuo obiettivo e la preoccupazione di mantenere una buona relazione con l'interlocutore.

La necessità di negoziare, in ambito lavorativo, sorge ogni qual volta si deve raggiungere un risultato attraverso l'intervento di uno o più interlocutori sui quali non si ha l'autorità d'imporre le proprie idee; non è dunque una capacità da esercitare solo nella gestione dei conflitti.

Gli individui, quando devono affrontare una negoziazione, tendono ad assumere comportamenti riconducibili a tre modelli fondamentali, in funzione del modo personale di affrontare il conflitto psicologico, insito nel desiderio di mirare al risultato senza sacrificare i rapporti interpersonali:

- **i negoziatori cosiddetti duri** optano per il risultato a discapito del mantenimento di buone relazioni: *hard selling*, con il rischio di esercitare un'eccessiva aggressività e di strappare accordi per compiacenza, ma non per convinzione;

- **i negoziatori morbidi**, al contrario, privilegiano il mantenimento di buoni rapporti: *soft selling*, con il pericolo di essere troppo comprensivi e, di conseguenza, di essere scavalcati o raggirati. Raggiungono accordi di cui spesso si pentono;
- **i negoziatori vincenti** sono quelli che considerano la controparte come un possibile partner e non come un nemico da battere, in modo che si possa arrivare a trovare degli accordi che siano vantaggiosi per entrambi le parti: negoziazione *win/win*.

La capacità di negoziazione è una competenza richiesta a molte figure aziendali, ma la ritengo essenziale per le posizioni manageriali delle funzioni di staff quali, ad esempio, i responsabili del personale, quelli delle direzioni amministrative, dei servizi generali e, infine, del marketing.

Tab. 12: valutazione della capacità di negoziazione

Caratteristica	Comportamenti espressi
Saper negoziare significa ottenere tutto il possibile al minor costo, lasciando alla controparte una sensazione in ogni caso positiva, tale che negozierà ancora con te.	Ha uno stile negoziale *win/win*. Riesce a sistemare le controversie senza clamore. Sa essere sia diretto e vigoroso sia diplomatico. Ottiene facilmente la fiducia degli interlocutori. Riesce a ottenere concessioni senza compromettere le relazioni interpersonali.

SEGRETO n. 19: il sistema delle competenze rappresenta una guida, poiché chiarisce ai dipendenti quali sono i comportamenti che l'azienda giudica importanti per il raggiungimento del successo personale.

Spero di averti fornito sufficienti esempi per convincerti della convenienza di effettuare valutazioni del personale basate non solo sulle prestazioni, ma anche sulle competenze.

L'azienda dovrà predisporre un documento, nella forma che riterrà più opportuna, per permettere ai capi di verificare quali profili di competenza sono richiesti ai loro dipendenti e per valutarne il grado di possesso. Fornirò comunque un esempio in proposito quando vedremo il materiale necessario nel processo di valutazione.

SEGRETO n. 20: usa un sistema di misura coerente per valutare sia i risultati sia il possesso delle competenze, al fine di formulare, più facilmente, la valutazione complessiva delle prestazioni.

Il metodo più semplice, a mio giudizio, è quello di esprimere le valutazioni con cinque gradi di giudizio, tipo: insufficiente-minimo-medio-elevato-massimo. Ciò è coerente con la valutazione finale espressa, come già accennato, in: molto inferiore alle attese-inferiore alle attese-conferma le attese-superiore alle attese-eccezionale.

Sarà tutto più chiaro quando vedremo i suggerimenti sul materiale da usare. Il capitolo successivo sarà dedicato alla valutazione del potenziale, argomento molto interessante ma, purtroppo, frequentemente non preso in considerazione perché, innegabilmente, riveste una significativa difficoltà di applicazione.

RIEPILOGO DEL GIORNO 4:

- SEGRETO n. 16: le competenze, che rendono una persona idonea a svolgere efficacemente il proprio lavoro, possono essere misurate sulla base di standard accettati, ed essere perfezionate tramite l'esperienza e la formazione.
- SEGRETO n. 17: un processo di valutazione completo richiede la definizione degli indicatori di comportamento relativi alle capacità e caratteristiche definite nei mansionari.
- SEGRETO n. 18: mappare le competenze significa raggruppare in famiglie professionali tutti quei ruoli a cui viene richiesto di adottare uno o più comportamenti identici, necessari per ottenere risultati eccellenti.
- SEGRETO n. 19: il sistema delle competenze rappresenta una guida, poiché chiarisce ai dipendenti quali sono i comportamenti che l'azienda giudica importanti per il raggiungimento del successo personale.
- SEGRETO n. 20: usa un sistema di misura coerente per valutare sia i risultati sia il possesso delle competenze, al fine di formulare, più facilmente, la valutazione complessiva delle prestazioni.

GIORNO 5:
Come valutare il potenziale

Il concetto di potenziale

Prima di addentrarsi nei processi di analisi e valutazione del potenziale, ci si deve accordare sulla definizione di tale concetto, considerando che, a livello teorico, esistono due correnti di pensiero: l'una assegna a tale concetto un valore assoluto mentre l'altra ne riconosce solo il valore relativo. Secondo il primo criterio, il potenziale di un dipendente può essere analizzato senza riferirsi a uno o più ruoli definiti specificatamente e a un tempo programmato.

SEGRETO n. 21: si definisce un dipendente ad alto potenziale quello con un'elevata predisposizione a una crescita professionale e di carriera.

Nel secondo caso, il potenziale è definito con riferimento alle prestazioni attuali, come possibilità, più a breve tempo, verso posizioni ben definite e individuate. Razionalmente parlando, il secondo criterio è meno aleatorio ma, come si vedrà in seguito, in funzione delle logiche di pianificazione delle carriere, la valutazione del potenziale sembra indirizzarsi verso una dimensione assoluta. Approfondiamo, solo per lo stretto necessario, i metodi utilizzati dalle aziende per individuare e promuovere i propri dipendenti potenziali.

Cooptazione verticale

È lo strumento più usato. Consiste nell'individuare, per ogni posizione chiave, un possibile sostituto del titolare fra i suoi stessi collaboratori. I vantaggi di tale metodica consistono nella chiarezza della situazione e nella predeterminazione, sufficientemente precisa, della tempistica. Esistono, purtroppo, svantaggi, tra i quali il più importante consiste nella insufficienza a rispondere alle situazioni improvvise.

Chi subentra, inoltre, trascina l'*imprinting* del suo precedente superiore, rendendo più difficoltosi eventuali cambiamenti di leadership, laddove fossero necessari. È infine un metodo che può avere riflessi negativi sulla motivazione sia dell'eventuale delfino sia degli altri aspiranti, poiché la carriera risulta legata all'uscita del titolare per promozione, dimissioni, licenziamento o morte.

Piani di rimpiazzo multiplo

Si valuta, per manager e dipendenti potenziali, la possibilità di crescere sia in senso orizzontale, tramite allargamento delle mansioni, sia verticale, per arricchimento delle stesse; e si provvede a costruire un database sulla promuovibilità sia temporale che professionale di ogni persona considerata. La combinazione di questi dati con le posizioni per le quali si prevede la necessità di sostituzione permette la stesura di tabelle di rimpiazzo con accesso multiplo. È evidente il vantaggio di questo sistema, che permette una migliore pianificazione delle carriere con maggiori alternative. Lo svantaggio risiede nel fatto che, evidentemente, risponde bene solo in organizzazioni statiche.

Management portafoglio

Il sistema prescinde dalla struttura organizzativa del momento; tiene conto solo della strategia di fondo del business, ponendosi come obiettivo l'identificazione di manager motivati, in linea con la cultura dell'azienda e in grado di adattarsi rapidamente alle mutevoli necessità organizzative. Questo gruppo deve essere composto di manager e potenziali manager a diversi livelli di competenza e di maturità, in numero sufficientemente elevato per poter trovare il candidato giusto al momento giusto.

Il metodo presuppone un sistema informativo aggiornatissimo non solo sui parametri tradizionali, quali esperienze precedenti, curriculum aziendale, conoscenze lingue, ma anche sul grado di possesso delle competenze ritenute strategiche dall'azienda.

Sono poi da prevedere programmi progettati per il ristretto gruppo degli *high potential* o *flyers*, quali formazione, rotazione d'esperienze, assegnazione di progetti speciali, al fine di accelerare il loro sviluppo.

È chiaro, dagli esempi precedenti, che una valutazione corretta del potenziale del personale è fondamentale sotto un duplice profilo. Essa, infatti, consente sia di identificare i candidati più idonei ad assolvere determinate mansioni, sia anche a incentivarli ad assumere posizioni di maggiore responsabilità.

SEGRETO n. 22: la corretta valutazione del potenziale è la base per identificare e incentivare i candidati ad assumere posizioni di maggiore responsabilità.

Valutazione del potenziale

La valutazione del potenziale dei dipendenti potrebbe sembrare, a prima vista, un'operazione significativa solo per realtà aziendali di una certa complessità, dove le strutture richiedono diversi livelli di supervisione e, dunque, rendono necessario individuare un pool di candidati che, opportunamente sviluppati, potrebbero andare a occupare, nel tempo, posizioni con responsabilità crescenti.

Ma vorrei stimolare l'attenzione a questo processo, anche delle piccole e medie imprese o delle aziende padronali, poiché possedere le conoscenze di base per effettuare una realistica valutazione del potenziale si rivelerà molto utile qualora si volesse sviluppare personale interno o propri familiari alle posizioni di direzione dell'impresa.

Si pensi a quante aziende padronali sono miseramente fallite, quando lo scettro del comando è passato dal fondatore dell'azienda al parente più prossimo, senza che ne fosse stata preventivamente accertata la capacità di dirigere una seppur piccola realtà aziendale.

È comune, per contro, nella piccola/media azienda, qualora si venga a creare la necessità di sostituire od inserire una posizione di comando, ricorrere a candidati esterni, frequentemente identificati da società di *head hunting*. Sia ben chiaro che questa è un'ottima strada, qualora si potesse mantenere il processo entro costi accettabili; ma perché non prendere in considerazione attività che portino a identificare potenziali candidati interni, sviluppati dall'azienda?

Seguirò, partendo da queste considerazioni, un'esposizione di metodologie con complessità e costi crescenti, in modo tale che se ne potrà valutare l'eventuale applicazione in funzione delle caratteristiche della propria azienda.

Valutazioni effettuate all'interno dell'azienda

Esistono essenzialmente due metodologie:

- valutazione operata dalla linea gerarchica. Il metodo ha le più diverse applicazioni, ma fondamentalmente consiste nella compilazione di moduli, generalmente redatti assieme alla valutazione delle prestazioni, in cui il valutatore esprime il suo giudizio in rapporto alla potenzialità di crescita del valutato, giudizio che viene generalmente rivisto dal superiore o da un comitato di sviluppo;
- valutazione operata dall'interessato. Questo metodo prevede la somministrazione agli interessati di più questionari standardizzati, volti a fornire informazioni qualitative in merito a specifiche capacità quali stile di leadership, comportamento relazionale, capacità d'apprendimento, resistenza allo stress ecc. I dati di ciascun questionario, elaborati e confrontati tramite computer, delineano un profilo di ciascun interessato che è poi confrontato con un possibile profilo ottimale di riferimento. Oggi tali metodi sono considerati superati e molto lacunosi.

Assessment center

L'*assessment* è un intervento atto a individuare le capacità attuali di una persona ed è considerato un processo di valutazione finalizzato a ridurre gli errori attraverso l'utilizzo di più osservatori e tecniche di osservazione. Il metodo prevede esercitazioni di gruppo, presiedute generalmente da un conduttore specialista esterno e con la partecipazione di un gruppo di valutatori/osservatori aziendali, in ragione di uno ogni due candidati.

Il livello ottimale dei valutatori è di due/tre gradi gerarchici superiori a quello dei partecipanti. Precede un incontro con l'azienda, in cui si definiscono le competenze e le capacità che devono essere sottoposte a valutazione. Va sottolineato che i valutatori vanno addestrati e che l'addestramento richiede da due a quattro giorni. Il numero ottimale dei valutati è di circa otto al giorno, con un minimo di sei e un massimo di dieci.

Sarebbe opportuno che il gruppo fosse composto di elementi con mansioni analoghe e con esperienze simili, allo scopo di non introdurre nello svolgimento dell'esercizio variabili difficilmente valutabili. La durata degli esercizi dovrebbe andare da un minimo di un giorno e mezzo a un massimo di tre-quattro giorni. Le esercitazioni a cui i candidati sono più frequentemente chiamati a partecipare sono:

- ***leaderless group discussion*** (LGD): è una discussione di gruppo caratterizzata dall'assenza del leader, su un problema da risolvere entro un determinato periodo di tempo;
- ***in basket***: è una prova individuale in cui il valutato deve assumere il ruolo di manager e, in uno spazio limitato di tempo, prendere decisioni in merito a problemi contingenti;
- ***business game***: si tratta di simulazioni su contenuti di gestione;
- ***interview simulation***: è una prova che trae origine dal *role-playing* e che consiste nel ricreare situazioni critiche di lavoro;
- ***presentation***: il valutato è invitato a un'esposizione orale di un argomento assegnato, di fronte a un gruppo e ai valutatori;
- ***fact finding***: il valutato è posto di fronte a un accadimento o problema di cui sono fornite solo parziali informazioni. Il compito consiste nel ricercare le informazioni mancanti al fine di prendere una decisione.

I valutatori, osservando i candidati assegnati, raccolgono input che vanno poi classificati secondo dimensioni predefinite. Terminate le esercitazioni, sotto la guida del coordinatore, viene redatta una valutazione per ciascun candidato che viene poi presentata in azienda; frequentemente i risultati sono comunicati anche ai partecipanti. Come si comprende, la metodica è complessa e costosa.

Valutazione operata da consulenti esterni

La responsabilità dell'individuazione dei manager ad alta potenzialità è lasciata alla direzione aziendale che è affiancata da consulenti esterni il cui compito è di validare le scelte aziendali. Uno dei processi più ricercati di questa metodica è il *professional value analysis*, che ha l'obiettivo di individuare il gruppo di manager su cui contare in termini d'integrazione, flessibilità e competenza. Il programma prevede:

- **preanalisi con la direzione aziendale** per definire i valori manageriali competitivi e la fascia dei manager da includere nel progetto;
- **autoanalisi di ogni manager** partecipante per valutare il proprio atteggiamento rispetto ai fattori vincenti;
- ***career workshop*** condotti con dieci/dodici partecipanti, con la

presenza dei consulenti nella veste di trainer-osservatori;

- **interviste individuali** durante le quali si comunicano ai partecipanti al *workshop* i loro punti forti, quelli deboli e i suggerimenti per ovviarli;
- **mappa finale** in cui, per ogni manager, viene definita la situazione attuale, il prevedibile trend evolutivo e le indicazioni su come utilizzare al meglio la risorsa;
- **feedback ai partecipanti**.

Alcune aziende, più recentemente, hanno adottato un perfezionamento della valutazione operata dalla linea gerarchica che, pur mantenendo una notevole efficacia, risulta molto meno costoso dei sistemi sopra citati. Il nuovo modo di ragionare si basa sulla definizione di alcune competenze fondamentali, in funzione della mission aziendale e sulla identificazione aprioristica di un certo numero di dipendenti potenziali.

Questi dipendenti sono messi sotto osservazione per valutare la loro capacità a sviluppare la leadership in linea con le competenze ritenute fondamentali dall'azienda. Le valutazioni sono espresse dai loro diretti superiori e sottoposte all'approvazione di un ristretto comitato di direzione. Non è possibile standardizzare le competenze richieste, poiché ogni azienda dovrebbe sceglierle in base alla propria mission, alla cultura, al settore di appartenenza.

Ti fornirò, in ogni caso, un lungo elenco di capacità/caratteristiche personali che, sebbene non tutte, dovrebbero far parte del profilo di un qualunque candidato alle posizioni di top management; tu potrai scegliere quelle che più si adattano alla tua azienda.

Il modello che segue suddivide le capacità/caratteristiche in quattro grandi aree: qualità manageriali, qualità professionali, qualità imprenditoriali e qualità personali. Ogni area comprende un certo numero di capacità/caratteristiche con le loro definizioni e gli indicatori di comportamento.

Profilo candidati potenziali

Area: qualità manageriali

- leadership: si fa carico delle responsabilità, organizza risorse e guida gli altri verso la realizzazione dei compiti;
- pianificazione e organizzazione: pianifica e organizza eventi, attività e risorse; stabilisce e controlla attività e programmi;

- orientamento alla qualità: pone molta attenzione agli obiettivi e agli standard; si assicura che siano soddisfatti gli standard di qualità e produttività;
- capacità di persuasione: influenza e convince gli interlocutori in modo da ottenere accettazione, accordo o cambiamenti di comportamento.

Queste sono le quattro capacità chiave a cui corrispondono comportamenti che un candidato dovrebbe possedere per esprimere un'efficace leadership. La successiva area chiarisce le capacità connesse alle qualità professionali e, similmente alla precedente, segnala quali comportamenti dovrebbero essere messi in atto per poter aspirare a responsabilità di top management.

Area: qualità professionali

- competenze tecniche: dimostra conoscenze approfondite e abilità connesse alla sua mansione; apprende facilmente nuovi concetti e si mantiene aggiornato nelle aree specialistiche;
- analisi e soluzione dei problemi: analizza i problemi e li separa nei loro componenti. Giudica in modo sistemico e razionale, basandosi su informazioni pertinenti;

- comunicazioni orali: parla chiaramente, in modo convincente, sia in gruppo che nei colloqui individuali; applica l'ascolto attivo;
- comunicazioni scritte: scrive in modo chiaro e conciso, usando la grammatica, lo stile e il linguaggio appropriato per il lettore.

Si passa poi all'area delle qualità imprenditoriali con quattro capacità che la definiscono, e nell'ordine sono: sensibilità commerciale, orientamento al cliente, creatività/innovazione, decisione e iniziativa e impostazione strategica. Segue, infine, l'area delle qualità personali e della capacità di comunicazione.

Area: qualità imprenditoriali

- sensibilità commerciale: capisce e applica i principi commerciali e finanziari. Vede i problemi in termini di costo, profitti, mercati e valore aggiunto;
- orientamento al cliente: si preoccupa di fornire al cliente un servizio rapido ed efficiente; si assicura che le necessità del cliente siano soddisfatte;
- creatività e innovazione: scopre nuovi e creativi approcci alle problematiche del lavoro. Mostra la volontà di mettere in

discussione gli approcci tradizionali;

- decisione e iniziativa: dimostra prontezza nel prendere le decisioni; prende l'iniziativa ed entra in azione;
- impostazione strategica: ha una visione strategica delle problematiche, dei fatti e delle attività; riesce a percepire il loro impatto sul lungo termine.

Area: qualità personali

- lavoro di gruppo: collabora con i colleghi al fine di ottenere gli obiettivi di gruppo: supporta i colleghi e li fa sentire apprezzati;
- flessibilità: si adatta con successo ai cambiamenti richiesti e alle nuove situazioni;
- tolleranza allo stress: rimane calmo, oggettivo e controllato anche in situazioni stressanti; sotto pressione mantiene stabile la prestazione. Accetta critiche senza assumere una difesa eccessiva;
- motivazione personale: è fortemente impegnato nel raggiungimento degli obiettivi. Mostra entusiasmo e impegno per la carriera.

SEGRETO n. 23: la valutazione del potenziale pone due significativi problemi. Non è di alcuna utilità, se non è seguita da piani di sviluppo, e gli errori di giudizio provocano pesanti conseguenze all'azienda.

Tutti i metodi che abbiamo visto hanno l'obiettivo di fotografare, in modo più o meno ricercato, le caratteristiche possedute dai candidati, tali per cui dovrebbero avere la possibilità di accedere a posizioni con responsabilità crescenti.

Questo non significa che siano, comunque, già pronti a farlo. Il processo di valutazione permette di identificare quelle aree che richiedono miglioramenti, e su quelle aree si devono programmare interventi formativi.

Vedremo, nella sezione dedicata all'utilizzo delle valutazioni, come impiegare queste informazioni per predisporre un efficace programma di sviluppo, indirizzato ai cosiddetti "dipendenti con potenziale di crescita", in inglese *key people* o *high flyers*.

Il fatto è che, talvolta, questi piani di sviluppo non vengono effettuati e il candidato potenziale, in caso di necessità, viene promosso a incarichi superiori senza aver avuto la possibilità di correggere i suoi punti deboli.

Hai mai sentito parlare del “principio di Peter”? Laurence Peter era uno psicologo canadese conosciuto per aver formulato il principio dell’incompetenza o, appunto, il principio di Peter; egli sosteneva, in modo anche umoristico, che in ogni organizzazione gerarchica, un dipendente tende a occupare ruoli crescenti sino a quando arriva al proprio livello di incompetenza. L’aspetto importante della teoria di Laurence Peter è l’osservazione che, nelle aziende dotate di processi di sviluppo gerarchico, i dipendenti vengono promossi in base alla valutazione delle capacità dimostrate nell’incarico precedente.

SEGRETO n. 24: un candidato potenziale, che non ha ricevuto un adeguato addestramento, avrà raggiunto il suo livello d’incompetenza se la nuova responsabilità contempla il dovere di assolvere compiti diversi da quelli precedenti.

Questo fenomeno è più frequente di quanto tu possa pensare e, se coinvolge posizioni di alta direzione, il prezzo dell'incompetenza può rivelarsi molto elevato. L'avanzamento di carriera di dipendenti potenziali potrà essere confermato solo se i candidati non avranno evidenziato limiti professionali durante i piani di sviluppo.

SEGRETO n. 25: prima di procedere all'assegnazione di nuove responsabilità a un potenziale dipendente, è opportuno assicurarsi che abbia seguito piani di sviluppo come ampliamento delle mansioni, deleghe, gestione di progetti, esperienze in consociate estere.

RIEPILOGO DEL GIORNO 5:

- SEGRETO n. 21: si definisce un dipendente ad alto potenziale quello con un'elevata predisposizione a una crescita professionale e di carriera.
- SEGRETO n. 22: la corretta valutazione del potenziale è la base per identificare e incentivare i candidati ad assumere posizioni di maggiore responsabilità.
- SEGRETO n. 23: la valutazione del potenziale pone due significativi problemi. Non è di alcuna utilità, se non è seguita da piani di sviluppo, e gli errori di giudizio provocano pesanti conseguenze all'azienda.
- SEGRETO n. 24: un candidato potenziale, che non ha ricevuto un adeguato addestramento, avrà raggiunto il suo livello d'incompetenza se la nuova responsabilità contempla il dovere di assolvere compiti diversi da quelli precedenti.
- SEGRETO n. 25: prima di procedere all'assegnazione di nuove responsabilità a un potenziale dipendente, è opportuno assicurarsi che abbia seguito piani di sviluppo come ampliamento delle mansioni, deleghe, gestione di progetti, esperienze in consociate estere.

GIORNO 6:
Come effettuare le valutazioni

Siamo giunti al punto in cui vedremo come si effettua, in pratica, la valutazione annuale dei dipendenti. Si possono distinguere tre momenti precisi:

- **preparazione delle valutazioni individuali** da parte dei capi;
- **presentazione delle elaborazioni** a un comitato di valutazione, che convaliderà o meno quanto presentato dai capi;
- **comunicazione delle valutazioni definitive** ai dipendenti; verranno anche forniti alcuni esempi di materiale, necessario alla compilazione delle valutazioni e alla loro successiva archiviazione.

Ruolo dei supervisori

Prima di descrivere in dettaglio le attività che devono svolgere i capi nel preparare le valutazioni dei loro dipendenti, devo fare una premessa, che si rende necessaria come conseguenza della scarsa attitudine di alcuni supervisori a gestire situazioni di confronto con il personale. L'adozione di un qualunque sistema di valutazione contempla, per i capi, la possibilità statistica di dover gestire confronti con dipendenti che contestano e non accettano valutazioni negative sulle loro prestazioni o, nel peggiore dei casi, non sono motivati e intenzionati a correggerle.

Quei capi che cercano di evitare confronti spiacevoli tendono a seguire tre modelli di comportamento:

- **tollerano le valutazioni negative**, sperando in un miglioramento che non si realizza quasi mai;
- **tentano di affidare alla funzione del personale** gli interventi correttivi che managerialmente dovrebbero essere di loro competenza;
- **mettono in atto atteggiamenti autoritari** con l'obiettivo di evitare qualunque discussione con i propri dipendenti.

È ovvio che tutti e tre questi comportamenti sono errati, perché non incidono sul reale problema. Infatti:

- la gestione autoritaria o tollerante altera i corretti rapporti capo-dipendente, che dovrebbero essere improntati a un giusto bilancio tra orientamento ai risultati e orientamento alle persone;

- il delegare ad altre funzioni gli interventi correttivi significa abdicare al proprio ruolo di capo, perdendo credibilità e la stima dei dipendenti;
- il non correggere i comportamenti devianti, attraverso adeguati interventi punenti, produce come effetto secondario la demotivazione dei dipendenti migliori, con il rischio di perdere la loro collaborazione.

SEGRETO n. 26: accertati, prima di iniziare qualunque processo di valutazione, che i tuoi supervisori sappiano gestire situazioni di confronto con i loro dipendenti; in caso contrario, trarresti benefici insignificanti dal processo di valutazione.

Il punto è semplice: se i capi avranno il timore di confrontarsi con i dipendenti, nel caso dovessero comunicare loro valutazioni negative, cercheranno in ogni modo di giustificare il non ottenimento dei risultati attesi, alterando, di conseguenza, il riconoscimento di chi ha veramente contribuito al successo dell'azienda. Un capo che voglia realisticamente valutare i suoi dipendenti, nel modo più oggettivo possibile, deve impegnarsi a raccogliere, nel corso dell'anno, qualunque informazione che può essere utile per esprimere un giudizio sulle loro prestazioni. È sufficiente, a questo proposito, una semplice cartelletta; così come un file sul PC che, però, bisogna ricordare di tenere sempre aggiornato.

Queste sono le informazioni da raccogliere:

- dati relativi al confronto tra risultati attesi e risultati ottenuti;
- scambi di corrispondenza utili ai fini di una valutazione;
- note prese durante le riunioni a cui il dipendente ha preso parte, relative a comportamenti degni di essere sottolineati in positivo o negativo;
- copie di verbali conseguenti a colloqui di correzione e/o di *counseling*;
- note sui commenti spontanei espressi da clienti interni o esterni all'organizzazione;
- impressioni derivate da colloqui capo-dipendente.

Queste semplici attenzioni saranno utilissime per arrivare al momento della valutazione annuale senza doversi sforzare di ricordare cosa è accaduto ed evitare, così, di esprimere giudizi senza avere alcuna pezza di appoggio.

Terminata la preparazione delle valutazioni da parte dei capi, si potranno presentare due situazioni: l'azienda non ha ritenuto opportuno nominare un comitato di valutazione o, seconda alternativa, esiste un comitato a cui vanno sottoposti gli elaborati. Occupiamoci del secondo caso poiché, nel primo, il capo passerà direttamente al colloquio di valutazione con il proprio dipendente.

Ci sono alcuni fattori da tener ben presenti, nel proporre le valutazioni dei dipendenti a un apposito comitato:

- le affermazioni e le valutazioni devono essere documentate;
- i giudizi vanno espressi sull'operato della persona e non sulla persona stessa;
- valutazioni fortemente contrastanti tra risultati e comportamenti devono avere chiare giustificazioni, poiché è estremamente difficile che un dipendente, con ottimi comportamenti, dia scarsi risultati, e viceversa.

Compiti del comitato di valutazione

La composizione del comitato di valutazione dovrebbe, nell'ipotesi minima, comprendere il diretto superiore del valutatore e una terza parte neutrale, come potrebbe essere un funzionario del personale o il coordinatore del processo di valutazione. La riunione di valutazione annuale sarà condotta dal capo del valutatore, che dovrà verificare l'obiettività dei giudizi e sorvegliare la coerenza delle valutazioni all'interno del suo team; il rischio maggiore è, infatti, quello che alcuni dipendenti, a parità di contribuzione, ricevano valutazioni troppo differenti solo a causa della maggiore severità o comprensione dei loro rispettivi capi.

SEGRETO n. 27: la terza parte neutrale, chiunque esso sia, dovrà controllare che non siano accettate e sottoscritte espressioni diffamanti i dipendenti e accertarsi che venga compilata tutta la documentazione richiesta.

L'investimento, in termini di tempo, del comitato di valutazione può essere molto gravoso, in funzione delle dimensioni dell'azienda e del conseguente numero di dipendenti da valutare;

dopo aver acquisito sufficiente esperienza, suggerirei, come già anticipato, di diminuire il tempo delle riunioni, approfondendo i controlli solo nel caso si presentassero queste situazioni:

- significative differenze di valutazione tra quella dell'anno in corso e quella dell'anno precedente, sia in positivo che in negativo;
- significative differenze tra la valutazione sui risultati e quella sui comportamenti.

SEGRETO n. 28: la tendenza più corretta e più diffusa nelle aziende è di assegnare un peso di 70/80 ai risultati (aspetto quantitativo) e di 30/20 ai comportamenti (aspetto qualitativo).

L'argomento riveste particolare importanza, nel caso si decida di adottare valutazioni qualitative-quantitative che, in teoria, possono portare a nove possibili combinazioni di valori (tabella 13). I quadranti in rosso, in basso a destra, sono quelli che si riferiscono a due situazioni critiche, poiché a fronte di risultati inadeguati si riconoscono comportamenti adeguati o, addirittura, eccellenti. Queste sono combinazioni puramente teoriche che non hanno riscontro nella realtà, fatte salve rarissime eccezioni.

Tab. 13: valutazioni qualitative-quantitative

RISULTATI \ COMPORTAMENTI	Inadeguati		Eccellenti
Eccellenti	Risultati eccellenti Comportamenti inadeguati	Risultati eccellenti Comportamenti adeguati	Risultati eccellenti Comportamenti eccellenti
	Risultati adeguati Comportamenti inadeguati	Risultati adeguati Comportamenti adeguati	Risultati adeguati Comportamenti eccellenti
Inadeguati	Risultati inadeguati Comportamenti inadeguati	Risultati inadeguati Comportamenti adeguati	Risultati inadeguati Comportamenti eccellenti

È molto probabile, in questi casi, che il valutatore stia avendo un atteggiamento troppo tollerante verso quel dipendente, assegnandogli sulla comportamentistica una valutazione più alta del dovuto. Il problema è diverso nella combinazione che riconosce risultati eccellenti a fronte di comportamenti non adeguati: quadrante arancione in alto a sinistra. In questo caso esistono, di norma, due spiegazioni:

- il sistema di controllo non è preciso e, per qualche motivo, al dipendente in questione sono riconosciuti risultati prodotti da altri colleghi;
- i comportamenti del dipendente vengono valutati con molta severità perché esiste tra lui e il suo capo un latente stato conflittuale.

SEGRETO n. 29: il comitato di valutazione, in caso di macroscopiche discrepanze nelle valutazioni qualitative-quantitative, deve valutare l'efficienza dei sistemi di controllo interni e verificare che non siano conseguenza di eccessiva tolleranza dei capi o di conflitti in atto tra capo e dipendente.

La combinazione che riconosce a un dipendente eccellenti risultati ed eccellenti comportamenti, nel quadrante blu in alto a destra, ha anch'essa una sua criticità. Ogni azienda si augurerebbe di avere tanti dipendenti in questa situazione e ciò è certamente più che auspicabile, ma un unico rischio esiste: se l'azienda non intende o non è in grado di premiare tali prestazioni si prepari, prima o poi, a perdere questi dipendenti.

Richiamo, infine, il concetto della distribuzione gaussiana delle valutazioni. Se nella tua azienda noti un eccessivo scostamento da quell'andamento, vi possono essere le seguenti distorsioni:

- le aspettative dei capi sono troppo modeste;
- non c'è uniformità di giudizio;
- i capi temono il confronto con i dipendenti per cui cercano di alzare le valutazioni.

Fatte tutte queste premesse, vediamo come, nella pratica, dovrebbe svolgersi una seduta di valutazione; il valutatore esporrà, per ogni suo uomo, un giudizio sul raggiungimento o meno dei risultati attesi e spiegherà quali punti di forza e quali di debolezza sono emersi durante l'attività.

Il comitato di valutazione, se lo riterrà necessario, porrà delle domande per verificare la correttezza dei giudizi espressi e, alla fine, le conclusioni verranno verbalizzate su una modulistica che vedremo nei prossimi paragrafi. Terminate le sessioni di revisione da parte del comitato, sarà compito dei capi comunicare ad ogni singolo dipendente le valutazioni ricevute.

Colloquio di valutazione

Il colloquio di valutazione è un altro momento importante all'interno del processo stesso; i dipendenti devono, infatti, essere informati sui risultati da loro raggiunti nell'anno in corso e conoscere il grado di soddisfazione espresso dall'azienda.

È anche vero che, se un capo ha ben agito, il dipendente dovrebbe arrivare al colloquio formale sapendo già, seppure in modo approssimativo, la valutazione che riceverà. Non ci sono problemi nel caso che la valutazione ricevuta sia superiore alle aspettative del dipendente; se per lui sarà invece una sorpresa negativa, significherà che il capo ha evitato di discutere la situazione durante l'anno, lasciandolo magari nell'illusione che tutto andasse bene o che nessuno si fosse accorto delle sue basse prestazioni.

Il colloquio offre al dipendente e al suo capo due opportunità:

- raggiungere una reciproca comprensione su quale sia stata la prestazione del valutato;
- identificare i bisogni per mantenere o migliorare la prestazione in oggetto.

SEGRETO n. 30: un capo, se vuole che sia riconosciuta la propria leadership, deve sostenere la valutazione con precise argomentazioni e non limitarsi a generiche espressioni di soddisfazione o di disapprovazione.

Il colloquio di valutazione va, dunque, accuratamente preparato e condotto in un luogo appropriato che può essere un ufficio o una camera d'albergo; evitare assolutamente bar, sale d'aspetto, ristoranti ecc. Va, inoltre, programmato in modo tale da avere tutto il tempo necessario a disposizione e, dunque, devono essere cancellati tutti gli impegni nelle immediate vicinanze di orario.

Il dipendente deve essere convocato con sufficiente anticipo, chiedendogli, eventualmente, di presentarsi avendo lui stesso compiuto un'autovalutazione. La conduzione dell'incontro, dal punto di vista metodologico, deve iniziare con una revisione degli standard e degli obiettivi concordati a inizio di anno, verificando, dati di fatto alla mano, il loro raggiungimento o meno. Il capo, in questa fase, cercherà di parlare solo per il 30% del tempo e ascoltare per il rimanente 70%, facendo attenzione alle reazioni del dipendente, anche quelle non verbali. È psicologicamente molto importante discutere, per primo, gli standard che il dipendente ha raggiunto o superato, nell'ipotesi che ce ne siano, e poi passare alle aree che necessitano di miglioramento.

Non è infrequente che il dipendente non concordi con la valutazione ricevuta; in questi casi è buona regola lasciare che lo stesso esprima per iscritto le sue obiezioni, evitando, ovviamente, di modificare la valutazione già concordata in comitato, a meno che non siano portate delle prove eclatanti che erano completamente sfuggite all'analisi del capo.

L'incontro dovrebbe terminare concordando, con il dipendente, gli standard e gli obiettivi per il nuovo anno; ho volutamente usato il condizionale poiché, spesso gli obiettivi aziendali vengono fissati in momenti successivi a quelli in cui si compiono i colloqui di valutazione. I capi, in questi casi, dovranno fissare un altro incontro, dedicato all'assegnazione dei nuovi standard.

Documenti necessari per il processo di valutazione

Voglio, adesso, fornire qualche esempio di materiale che si rende utile nella pianificazione e nell'esecuzione del processo di valutazione; sono elaborati che provengono dalle esperienze fatte nelle aziende in cui ho operato con compiti di supervisione e che, dunque, ho sperimentato di persona. Mi limito a riprodurre le basi di quegli elaborati che, volendo, possono essere riadattati secondo i propri desideri.

Ipotizziamo, per legare la teoria alla pratica, di dover sviluppare il processo di valutazione per la ditta Esempio S.p.A., che ha deciso di estenderlo alle posizioni esplicitate nell'organigramma (figura 4) e, quando esistono, ai loro primi riporti; la ditta Esempio S.p.A. produce scarponi da sci e qui lavora il nostro progettista, che abbiamo già conosciuto nei precedenti capitoli.

Il coordinatore del processo di valutazione, come abbiamo già visto, dovrà effettuare la stesura delle *job description* per tutte le posizioni scelte. Sulla scorta di questo primo documento potrà compilarne un secondo definito "analisi delle mansioni", nel quale, per ogni principale responsabilità, sono riportati gli standard concordati con tra capo e dipendente.

Fig. 4: organigramma esempio S.p.A.

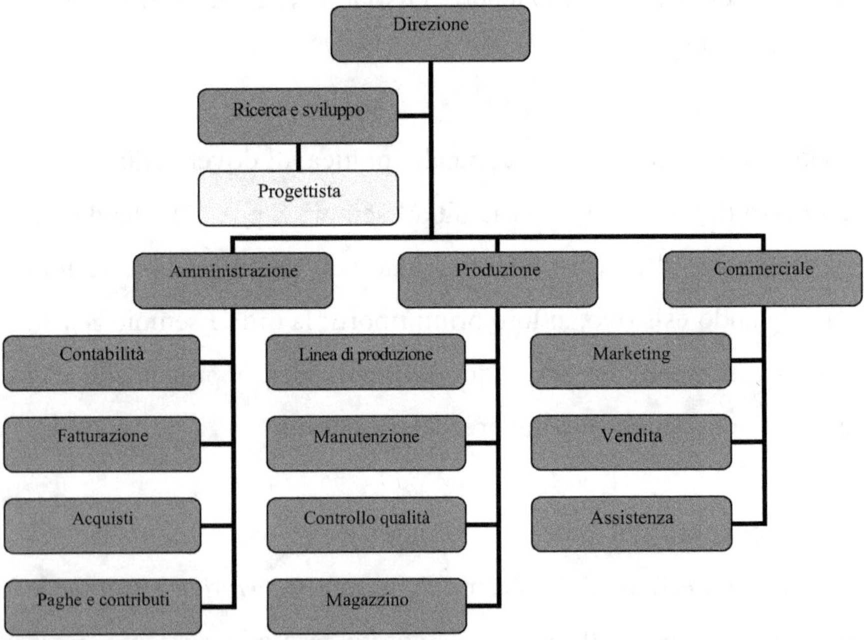

SOCIETÀ DI PRODUZIONE CALZATURE SPORTIVE

Posizione: progettista sviluppatore;

Responsabile: nome della persona nella posizione;

Riporta a: titolo del diretto superiore;

Unità d'appartenenza: nome della funzione;

Analista: nome di chi ha steso il mansionario;

Approvazioni: nominativi di chi ha approvato il mansionario;

Principali responsabilità: progetta il campionario di calzature secondo le esigenze dell'azienda in termini di immagine, target di riferimento, potere di acquisto dei consumatori, area di produzione e destinazione del prodotto. I progetti devono essere proposti all'azienda nei tempi necessari per realizzare e lanciare i modelli nelle stagioni programmate;

Competenze richieste: è richiesto un titolo di studio di disegnatore industriale, la conoscenza dei più comuni software di disegno e la capacità ottimale di utilizzo del CAD tridimensionale. Deve saper operare in team e, in modo particolare, con i modellisti. È necessaria, in alcuni casi, a seconda dell'organizzazione aziendale, la stretta collaborazione con società di progettazione esterne. Il possessore del ruolo deve essere persona dotata di creatività e fantasia;

Dimensioni: inserire eventuali budget di spesa per realizzazione modelli, acquisti apparecchiature ecc.;

Linea gerarchica: risponde al responsabile del gruppo di progettazione o al responsabile servizio creazione modelli o, ancora, al responsabile servizio ricerche.

ANALISI DELLE MANSIONI

Nome: Rossi Mario;

Posizione: progettista sviluppatore;

Descrizione della mansione: progetta il campionario di calzature secondo le esigenze dell'azienda in termini di immagine, target di riferimento, potere di acquisto dei consumatori, area di produzione e destinazione del prodotto. I progetti devono essere proposti nei tempi necessari all'azienda per realizzare e lanciare i modelli nelle stagioni programmate.

Principali responsabilità	Standard di prestazione
• Progetta campionari di calzature; • Opera in team con i modellisti; • Collabora con società di progettazione esterne.	1. Presenta "n" progetti all'anno e perlomeno l'x% di essi deve essere approvato; 2. I progetti vanno presentati entro il... di ogni anno; 3. I modelli delle calzature non devono provocare errori di produzione se non nell'x% dei casi; 4. Le spese di consulenza con società di progettazione esterne non dovranno superare x mila euro con una variazione del +-x%.

Ammettiamo di aver preparato, per ogni posizione dell'organigramma, dei mansionari come quello esemplificato; possiamo, a questo punto, procedere con la mappatura delle competenze, documento indispensabile se si vuole realizzare un processo di valutazione qualitativo-quantitativo.

Ipotizziamo, a scopo puramente esemplificativo, che la nostra società, la Esempio S.p.A., abbia deciso di adottare un modello di competenze come descritto nel Giorno 4.

Il lavoro da compiere sarà quello di assegnare ad ogni posizione dell'organigramma le competenze e i comportamenti che si ritengono necessari per svolgere con successo le mansioni assegnate. Le tabelle (allegato 1) sono realizzate nel seguente modo:

- sono riportati, per ogni competenza, alcuni indicatori di comportamento di complessità crescente;
- accanto ad ogni indicatore sono posizionati uno o più ruoli professionali a cui si richiede di mettere in atto i comportamenti ivi descritti, in aggiunta a quelli dei ruoli precedenti.

La scelta che ho fatto, assegnando determinate competenze a certe famiglie professionali, risponde a criteri logici e ai risultati di esperienze personali, ma rimane, purtuttavia, un esercizio che potrebbe non trovarti completamente d'accordo. Un esempio chiarirà meglio il concetto; se prendiamo la prima competenza, la flessibilità, vedremo che ho associato alla famiglia professionale "responsabili linee di produzione" il comportamento "si adatta facilmente ai cambiamenti di situazione sul lavoro".

Ciò non significa che i responsabili delle linee di produzione non debbano **rispettare il punto di vista degli altri**, indicatore di comportamento associato con gli assistenti commerciali e i responsabili di manutenzione; ma la logica e l'esperienza dice che dirigere linee di produzione richiede una particolare adattabilità ai cambiamenti nelle situazioni di lavoro.

In ogni caso, dovrebbe essere evidente che, una volta approntato, il documento sulla mappatura delle competenze permetterà ad ogni valutatore di conoscere quali caratteristiche/capacità sono richieste ai singoli ruoli e quali indicatori di comportamento sono da prendere in considerazione per valutare il corretto possesso di quella caratteristica/capacità.

Facciamo, nuovamente, un esempio e verifichiamo quali competenze dovremmo valutare se fossimo il capo del responsabile di linea di produzione. Emergono, dall'analisi della mappatura, le seguenti competenze: **flessibilità, risoluzione dei problemi, pianificazione e capacità di negoziazione**.

Sono sicuro che stai pensando: «Ma come, solo queste?» Non farti ingannare; tutte le competenze che abbiamo descritto sembrano importanti, ma bisogna scegliere solo quelle il cui possesso a livello corretto è determinante per potersi esprimere al meglio nella mansione considerata.

Siamo pronti, adesso, per descrivere l'ultimo documento, e cioè la scheda di valutazione che ho immaginato preparata per il nostro disegnatore industriale (allegato 2). La prima facciata dovrebbe riportare solamente i dati per l'identificazione del dipendente in esame.

Nella seconda pagina saranno riportati gli standard e/o obiettivi assegnati all'inizio dell'anno e, su questi, il capo dovrà esprimere la sua valutazione quantitativa. La terza pagina è dedicata alle competenze; la valutazione sarà espressa solo su quelle che risultano assegnate nella mappatura.

I capi faranno riferimento agli indicatori di comportamento per esprimere la valutazione che, comunque, rimarrà di carattere qualitativo. Le ultime facciate saranno usate per riportare la valutazione finale, concordata durante il comitato di valutazione, e i progetti di formazione, nel caso fosse necessario correggere eventuali problemi nelle prestazioni del dipendente.

RIEPILOGO DEL GIORNO 6:

- SEGRETO n. 26: accertati, prima di iniziare qualunque processo di valutazione, che i tuoi supervisori sappiano gestire situazioni di confronto con i loro dipendenti; in caso contrario, trarresti benefici insignificanti dal processo di valutazione.
- SEGRETO n. 27: la terza parte neutrale, chiunque esso sia, dovrà controllare che non siano accettate e sottoscritte espressioni diffamanti i dipendenti e accertarsi che venga compilata tutta la documentazione richiesta.
- SEGRETO n. 28: la tendenza più corretta e più diffusa nelle aziende è di assegnare un peso di 70/80 ai risultati (aspetto quantitativo) e di 30/20 ai comportamenti (aspetto qualitativo).
- SEGRETO n. 29: il comitato di valutazione, in caso di macroscopiche discrepanze nelle valutazioni qualitative-quantitative, deve valutare l'efficienza dei sistemi di controllo interni e verificare che non siano conseguenza di eccessiva tolleranza dei capi o di conflitti in atto tra capo e dipendente.
- SEGRETO n. 30: un capo, se vuole che sia riconosciuta la propria leadership, deve sostenere la valutazione con precise argomentazioni e non limitarsi a generiche espressioni di soddisfazione o di disapprovazione.

GIORNO 7:
Come utilizzare le valutazioni

La logica conclusione di un percorso per la creazione o la messa a punto di un processo di valutazione consiste nella verifica di quali vantaggi è possibile trarne e, dunque, di come possono essere utilizzate le valutazioni dei dipendenti.

Formazione del personale

Ho identificato, nella mia esperienza di responsabile risorse umane prima e di consulente poi, diversi aspetti che, in linea di massima, tendono a riprodursi in quasi tutte le realtà aziendali. Il minor accento dato oggi alla fidelizzazione del dipendente e i continui processi di fusione, acquisizione e riorganizzazione fanno sì che una popolazione aziendale, in uno stesso ruolo, sia continuativamente poco omogenea. Se analizziamo questa popolazione in funzione dell'anzianità di ruolo e dell'anzianità di azienda, troviamo una notevole dispersione in quattro sottotipi:

- dipendenti con breve anzianità sia di ruolo sia di azienda;

- dipendenti con breve anzianità di ruolo ma lunga anzianità aziendale;
- dipendenti con lunga anzianità sia di ruolo sia di azienda;
- dipendenti con lunga anzianità di ruolo e breve di azienda.

I responsabili dello sviluppo organizzativo sono sempre meno disposti a organizzare progetti di formazione o corsi che prevedano il coinvolgimento, in uno stesso momento, di tutta la popolazione appartenente al medesimo ruolo. In parte essi sono costretti ad agire con investimenti certamente inferiori rispetto al passato ma in parte, e a ragione, non ritengono giusto realizzare lo stesso tipo di intervento formativo su una popolazione che si presenta con capacità, competenze e motivazioni molto diverse.

Il problema può essere superato se, al momento delle sessioni di valutazione annuale, il coordinatore del processo di valutazione o l'eventuale responsabile della formazione stendono un elenco di tutte le competenze che risultano deficitarie nei diversi ruoli aziendali. Una volta terminato l'elenco, se ne possono trarre due osservazioni: per prima cosa sarà possibile definire quali sono le competenze che percentualmente risultano maggiormente deficitarie in azienda e, secondariamente, definire quali dipendenti dovrebbero ricevere formazione su queste competenze. Gli incaricati della formazione, siano essi dipendenti interni o consulenti esterni, avranno, così, una base su cui stendere programmi mirati con risparmio sia di tempo che di denaro.

I formatori sono corteggiati da alcune società di consulenza che, in linea con mode e tendenze, propongono progetti con motivazioni più esoteriche che reali; sarai a conoscenza di seminari che prevedono corsi di sopravvivenza, gite allo zoo, recita di commedie di Shakespeare, scrittura di favole, partecipazione a giornate di vela con skipper o incontri con famosi direttori d'orchestra sinfonica. Tutto trova, se si vuole, una giustificazione, ma il formatore si deve domandare se quelle iniziative sono in linea con le esigenze formative emerse dalle sessioni di valutazione.

Le spese necessarie a sostenere programmi di formazione e sviluppo indirizzati al personale acquistano il valore di veri e propri investimenti quando si confrontano con i cosiddetti "costi della non competenza"; questi ultimi sfuggono spesso a una precisa identificazione di responsabilità e a un loro collegamento con errori commessi dai dipendenti, magari molto tempo addietro e, quasi sempre, sono interpretati come inevitabili incidenti di percorso. Così non è; certi costi, in molti casi, sono la conseguenza di conoscenze, capacità e comportamenti non posseduti, in maniera adeguata, dai detentori di determinati ruoli.

Sviluppo del personale

L'utilità dei dati di valutazione è ancora più evidente, nel caso l'azienda si ponga l'obiettivo di creare un percorso di sviluppo per quei dipendenti che considera **elementi chiave** per l'organizzazione e che, opportunamente formati, sono destinati a ricoprire incarichi con responsabilità crescenti. Un modo di procedere molto pratico consiste nel definire una decina di capacità su cui s'intende verificare lo sviluppo di un numero di candidati scelti con precisi criteri.

Riferisciti al **profilo dei candidati potenziali**, visto in precedenza, e, da quell'elenco, scegli alcune capacità che meglio si adattano alla mission dell'azienda, alle sue dimensioni, al settore di business, al tipo di sviluppo che desidereresti applicare ai tuoi *key people*. Mi permetto, comunque, di farti presente che certe capacità non dovrebbero assolutamente mancare nel profilo di un dipendente che debba essere sviluppato per assumere, nel proseguimento della sua carriera, posizioni di vertice.

SEGRETO n. 31: il profilo di un candidato potenziale dovrebbe comprendere capacità indirizzate a migliorare l'efficacia e la rapidità dei processi aziendali, a sostenere il continuo cambiamento, a identificare le priorità chiave e a eliminare le attività senza valore aggiunto.

Dunque, dovendomi limitare a sette, massimo dieci capacità, dal momento che andare oltre diventa pura chimera, non farei mancare nella mia lista la leadership, l'orientamento alla qualità, la capacità di persuasione, l'analisi e la soluzione dei problemi, l'impostazione strategica, la flessibilità e la tolleranza allo stress. Scelte le capacità, che l'azienda vorrà selezionare per descrivere un profilo ideale di sviluppo, rimane da definire un criterio con cui identificare il gruppo di dipendenti da porre sotto osservazione.

Esistono due popolazioni da cui attingere candidati per futuri incarichi di maggior responsabilità: **le persone chiave e le persone potenziali**. Le persone chiave sono coloro che:

- hanno una **continuità di risultati eccellenti**, testimoniati dalle valutazioni sulle prestazioni;
- hanno **elevate conoscenze ed esperienze**;
- hanno dimostrato di aver alcuni **comportamenti di leadership** e alcune **capacità manageriali**;
- é **difficile trovare dei loro sostituti** sia internamente che esternamente all'azienda.

Le persone con potenziale si distinguono perché:

- hanno anche loro **risultati eccellenti e continui**;
- hanno dimostrato di avere una chiara **motivazione alla crescita**;
- alcuni segnali possono suggerire la presenza in embrione di **comportamenti da leader e il possesso di capacità manageriali**.

Un apposito comitato, a livello direttivo, dovrà scegliere il gruppo dei candidati finali e seguirne l'evolversi; è ovvio che i dipendenti selezionati dovranno essere sottoposti a piani di sviluppo comprendenti arricchimenti e/o ampliamenti delle mansioni, puntate allo sviluppo delle capacità più deboli, avendo come riferimento il profilo ideale. Sarà il comitato direttivo, in caso di necessità, a scegliere il candidato da promuovere a nuove responsabilità.

Lo stile di leadership

Uno dei riflessi logici di un processo di valutazione del personale è quello che si dovrebbe avere sullo stile di leadership dei capi; è del tutto evidente che ogni capo dovrebbe adottare stili di leadership diversi a seconda di risultati, comportamenti, esperienze dei singoli dipendenti. La teoria della leadership situazionale di Blanchard Hersey descrive un modello attraverso il quale i capi dovrebbero individuare lo stile di leadership da adottare, a seconda della maturità dei propri dipendenti.

Il modello, in effetti, combina lo stile naturale di ogni capo con un profilo di maturità del dipendente; ogni individuo, con la responsabilità di gestire risorse umane, è naturalmente portato a comportarsi con i suoi uomini secondo lo stile che gli è congeniale, risultante dalla combinazione di due caratteristiche personali, quali l'orientamento agli obiettivi e l'orientamento alle relazioni.

SEGRETO n. 32: il presupposto della leadership situazionale assegna al capo la responsabilità di adattare il suo stile naturale al livello di maturità dei dipendenti.

Il modello Blanchard individua quattro livelli di maturità, entro i quali possono essere fatte ricadere quasi tutte le combinazioni di competenze e di comportamenti dei dipendenti:

- 1° livello: l'individuo, in genere, **deve ancora maturare delle abilità specifiche** per il lavoro da svolgere, ma è motivato ad affrontarlo con una sufficiente sicurezza. Poco competente con forte impegno;
- 2° livello: il dipendente **possiede già alcune abilità significative**, ma dimostra di non impegnarsi per svolgere il suo lavoro in maniera completamente autonoma. Talvolta potrebbe essere costretto ad affrontare situazioni completamente nuove per lui. Ha qualche competenza ma poco impegno;

- 3° livello: **è persona esperta e capace**, ma malgrado ciò **non dimostra** di avere quella sicurezza che è necessaria per agire in maniera indipendente o di **essere motivato a migliorare rapidamente**. Molta competenza e impegno variabile;
- 4° livello: **è un dipendente molto esperto** e sicuro delle proprie capacità; in talune aeree può addirittura **essere più esperto del suo capo**. Molta competenza e molto impegno.

È da questa descrizione che si evince l'importanza di poter inquadrare i propri dipendenti con un oggettivo sistema di valutazione e non secondo criteri puramente soggettivi. È necessario, a questo punto, inserire qualche cenno sugli stili naturali di leadership, per poterli poi collegare ai livelli di maturità dei dipendenti.

Il gioco dei diversi equilibri, tra orientamento al compito, orientamento direttivo, e orientamento alla relazione, orientamento di sostegno, determinano, come spiegato, modelli di comportamento che nella leadership si esprimono in quattro stili fondamentali di comportamento: stile direttivo, direttivo-partecipativo, democratico e *laissez-faire*. È allora il momento di verificare quali comportamenti connotano i quattro diversi stili di leadership, per poi determinarne l'applicabilità in funzione del grado di maturità dei dipendenti.

Lo **stile direttivo** si distingue per il fatto che ai dipendenti vengono date istruzioni e ordini, sorvegliando strettamente la loro attività. Questo è lo stile adottabile con i dipendenti all'inizio delle loro esperienze, poiché hanno bisogno di sentirsi spiegare sia cosa sia come fare ciò che è richiesto dalla mansione. Non sono oltretutto in grado di valutare i propri risultati: livello di maturità 1.

I dipendenti nello stile **direttivo-partecipativo** sono resi maggiormente partecipi delle decisioni dei capi, i quali, però mantengono ancora uno stretto controllo sulle attività e sui risultati. Questo stile è l'ideale per gestire dipendenti che hanno già maturato alcune esperienze e competenze, pur non essendo ancora in grado di autogestirsi: livello di maturità 2.

I capi, nello **stile democratico**, scambiano informazioni e ascoltano i loro dipendenti che sono coinvolti nel processo decisionale; più che ricevere ordini, i dipendenti in difficoltà ricevono aiuto e incoraggiamento dai capi. È lo stile da utilizzare con dipendenti che hanno raggiunto un buon livello professionale e che, talvolta, sono anche in grado di controllare i propri risultati: livello di maturità 3.

Lo stile ***laissez-faire*** prevede la delega al dipendente sia della decisione che del controllo dei risultati. È applicabile solo con professionisti affermati a cui, entro certi limiti, si può lasciare sia l'adozione delle decisioni sia il controllo dei risultati: livello di maturità 4.

Una volta capito il proprio stile naturale di leadership, il processo della leadership situazionale si sviluppa su sei successive azioni:

- **fare una descrizione delle mansioni di ogni dipendente**;
- **valutare l'impiegato nelle sue aree di responsabilità**;
- decidere lo stile di leadership;
- mettere al corrente l'impiegato della sua situazione;
- fare un programma di sviluppo;
- seguire il dipendente per controllarlo e correggerlo, se necessario.

Le due prime azioni sono evidenziate per farti notare che, ancora una volta, viene sottolineata l'importanza di avere una descrizione delle mansioni e un processo di valutazione dei dipendenti.

Esiste un altro modello che, seppure con parametri diversi da quelli di Blanchard, mette in relazione una descrizione dei dipendenti con differenti stili di management. Terminati i colloqui con tutti i dipendenti della squadra, potrebbe essere utile, magari non tutti gli anni, effettuare quello che viene definito il profilo di efficacia del gruppo. È un semplice metodo per verificare la composizione del gruppo e può dare al capo utili indicazioni sugli stili di leadership da usare.

Il modello **produttività-potenziale** è stato estrapolato dal classico modello del Boston Consulting Group relativo all'analisi dei prodotti e basato sulle due dimensioni, quota di mercato-crescita; George Odiorne, il padre del *management by objective*, MBO, prese spunto da quel modello per applicare gli stessi concetti alla valutazione del personale in termini di prestazione e potenziale. L'idea di Odiorne fu ulteriormente elaborata da J. William Pfeiffer dell'Università di San Diego, che ritenne più opportuno considerare come dimensioni, appunto, la produttività e il potenziale. Il concetto non è nuovo ma, che io sappia, non ci sono altri modelli che rendano in maniera altrettanto semplice l'idea del modo in cui si distribuisce il contributo degli individui all'interno di un gruppo. Elaborare il modello è veramente facile: si tratta di rispondere a un semplice questionario, pensando al dipendente di cui si vuole controllare l'efficacia complessiva. Il questionario è composto di quindici affermazioni sulle quali si deve esprimere il proprio accordo o disaccordo, usando una scala di valori da zero a cinque.

Se un'affermazione ti sembra assolutamente non rispondente alla figura del dipendente, dovrai votare zero, mentre se si adatterà perfettamente, dovrai votare cinque. Trovi qui di seguito il questionario compilato, come esempio per un ipotetico dipendente per il quale tracceremo il profilo di efficacia.

PROFILO DI EFFICACIA

1. È pieno di risorse nel trovare soluzioni per superare gli ostacoli nel suo lavoro = 3;
2. è probabile che abbia, perlomeno, una promozione in questa

azienda = 3;

3. dà, di norma, eccellenti risultati = 3;
4. le sue prestazioni sono, mediamente, sopra le aspettative = 4;
5. è, probabilmente, in grado di sviluppare procedure o servizi o prodotti innovativi = 3;
6. spesso scopre il modo per svolgere i suoi compiti in modo più efficace di quanto sia stato fatto in passato = 2;
7. impiega, mediamente, meno tempo degli altri per compiere il suo lavoro = 3;
8. è probabile che non lasci l'azienda nei prossimi due anni = 5;
9. fornisce un buon contributo quando richiesto di lavorare in gruppo = 4;
10. fa spesso la cosa giusta al primo tentativo = 3;
11. ha la capacità di crescere e assumere responsabilità più elevate = 3;
12. sarebbe difficile sostituirlo con qualcuno in grado di svolgere il suo lavoro ugualmente bene = 4;
13. è così efficiente che la sua assenza determinerebbe una significativa riduzione della produttività aziendale = 2;
14. in un'altra organizzazione potrebbe trovare un impiego di maggior responsabilità = 4;

15. normalmente fa le cose in tempo = 4.

Le valutazioni vanno adesso trasferite secondo questo sistema di decodifica.

PRODUTTIVITÀ

Affermazione	Punteggio
1	3
3	3
4	4
6	2
7	3
9	4
10	3
12	4
13	2
15	4
Totale =	32

POTENZIALE

Affermazione	Punteggio
2	3
5	3
8	5
11	3
14	4
Totale =	18

I due valori trovati sono riportati sul grafico di figura n. 5; dai punti così individuati sull'asse della produttività e su quello del potenziale si fanno partire delle rette il cui incrocio identifica un preciso punto nell'area definita come "cavalli da tiro".

Fig. n. 5 – profilo di efficacia

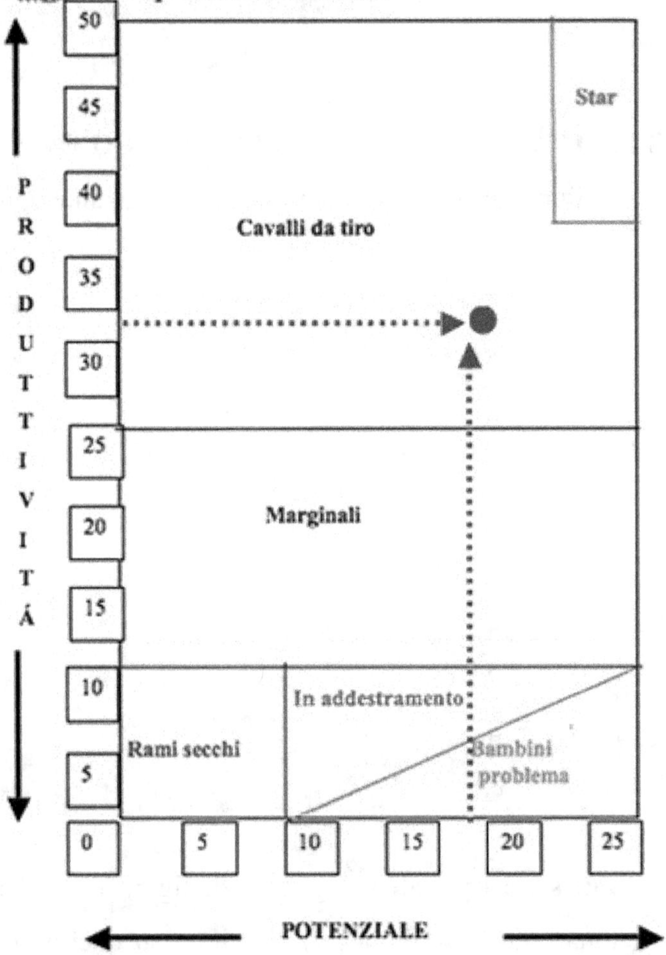

Il modello di Pfeiffer si basa sulla constatazione che, in linea di massima, la popolazione aziendale possa essere divisa in sei categorie di lavoratori, secondo le definizioni che seguono; concetto simile a quello espresso sulla distribuzione media delle valutazioni:

- **rami secchi** pari a un 5% della popolazione;
- **star** pari ancora a un 5% della popolazione;
- **cavalli da tiro**, cioè coloro che tengono in piedi l'organizzazione e che, pressappoco, rappresentano il 50% della forza lavoro;
- **bambini problema o dipendenti in fase di addestramento** rappresentano un 20% della popolazione a bassa produttività ma con un potenziale mediamente alto;
- **marginali** sono il rimanente 20% della popolazione con una produttività relativamente bassa e con un potenziale molto variabile.

Una seppur limitata popolazione di **rami secchi** non dovrebbe essere tollerata dalle organizzazioni la cui sopravvivenza è basata sul profitto; il problema principale consiste nel fatto che molti manager ritengono non sia loro compito ripulire l'organizzazione dai rami secchi, ma che questo competa alle funzioni del personale. I capi dovrebbero riconoscere che il vero costo di questi dipendenti non è tanto lo stipendio a loro pagato, quanto l'impatto negativo che essi hanno sul personale produttivo.

È difficile, per questi dipendenti, accettare di sforzarsi per dare il loro miglior contributo, quando percepiscono che il sistema e i loro capi tollerano comportamenti non produttivi. Solamente ragioni basate sulla responsabilità sociale delle imprese possono giustificare il mantenere nell'organizzazione dipendenti non produttivi per motivi di salute e di età anagrafica. Si deve, in questi casi, verificare la possibilità di facilitare pensionamenti anticipati o cambiamenti di mansione, per evitare, in ogni modo, gli effetti negativi sulla produttività aziendale.

Le **star**, per definizione, sono coloro che hanno un alto livello sia nella produttività che nel potenziale; molti capi hanno la tendenza a non interferire con il loro lavoro, limitandosi, se possibile, a concedere a questi dipendenti frequenti riconoscimenti, nel tentativo di proporli come modello agli altri, meno efficaci. Altri capi, specie se sanno di non essere a loro volta star, arrivano a sospendere qualunque tipo di gestione manageriale di questi dipendenti, con il risultato che, talvolta, questi perdono in produttività, concentrandosi su aspetti che non sono coerenti con le reali necessità dell'azienda.

Un comportamento corretto prevede, invece, che il capo definisca chiaramente obiettivi e risultati attesi anche con le star; questi dipendenti, infatti, possono perdere la visione d'insieme, per concentrarsi sulle cose che sanno fare meglio, ma che non coincidono necessariamente con le priorità aziendali.

Deve poi essere stabilita con questi dipendenti una stretta relazione interpersonale, che li porti ad accettare la guida dei propri capi; le star, nell'ipotesi in cui si sentissero osteggiate o non apprezzate potrebbero, infatti, decidere di lasciare l'azienda, per cogliere altre opportunità esterne.

La prevalente filosofia dei capi con i cosiddetti **cavalli da tiro** è quella di non farsi sentire, sino a quando le cose vanno bene; è giusto concentrarsi sui dipendenti che hanno maggior bisogno, ma non bisogna dimenticare che il sentirsi ignorati può portare i cavalli da tiro a ritenersi sottovalutati, specialmente se il capo interviene solo quando accadono incidenti. È, dunque, necessario dedicare più tempo a questi dipendenti e cogliere ogni opportunità per fare arrivare loro l'apprezzamento personale e dell'azienda, ricordando che, di norma, rappresentano circa il 50% della forza lavoro.

I dipendenti definiti **marginali** sono coloro che, pur avendo ricevuto un adeguato addestramento, pur mostrandosi impegnati nella mansione e sforzandosi nei loro compiti, non sono capaci di dare quei risultati che sono necessari all'azienda per raggiungere i propri obiettivi. I supervisori, per tutta una serie di ragioni, tendono a gestire non efficacemente le prestazioni inferiori alle attese; spesso, nel tentativo di migliorare i risultati di questi dipendenti, si spendono le scarse risorse di tempo e denaro nel posto sbagliato.

Non è sempre legalmente e socialmente corretto pensare che l'unica soluzione sia l'allontanamento del dipendente; un individuo, d'altro canto, non è mai totalmente competente o totalmente incompetente. È, invece, più realistico che un dipendente sia parzialmente incompetente per un certo tipo di lavoro o per una certa categoria di ruoli aziendali; se esiste, nell'organizzazione, un'alternativa valida, la soluzione più corretta sarebbe il trasferimento a una mansione che meglio si adatti alle sue capacità.

Questa soluzione, purtroppo, non è sempre praticabile e, nel tentativo di trovare una sistemazione adatta all'individuo, si assiste, frequentemente, a un continuo cambiamento di mansioni, poiché ogni capo cerca di sbarazzarsi di questo tipo di dipendenti. Esiste, dunque, una sola reale raccomandazione: poni attenzione al momento delle selezioni. Evita, se puoi, d'inserire nel tuo team individui il cui profilo e le cui esperienze non sono tali da far prevedere un produttivo inserimento nella mansione offerta.

I dipendenti che, nel modello Pfeiffer, sono definiti **bambini problema** pongono ai capi situazioni simili a quelli dei dipendenti marginali, sebbene con una significativa differenza; il bambino problema, se volesse, potrebbe essere un dipendente con elevata produttività, poiché è competente per la mansione assegnata ma, come un bambino, spesso fa le bizze. Si riproduce dunque la situazione dove il capo deve investire più tempo di quanto sarebbe giusto, al fine di correggere i comportamenti di questi lavoratori e, oltretutto, diventa riluttante ad abbandonare i suoi sforzi, poiché sono spesso persone che hanno un buon potenziale.

La chiave per gestire questi dipendenti è quella di documentare ogni "incidente", sia esso relativo alle prestazioni o ai comportamenti, per poterlo, successivamente, contestare all'interessato. Il messaggio dovrà essere chiaro: o è disposto a cambiare atteggiamento o l'azienda non esclude di considerare un suo allontanamento.

L'approccio per la corretta gestione dei dipendenti **neo assunti** consiste nel dedicare loro, immediatamente, la massima attenzione; si assiste, al contrario, a una sottovalutazione di questi dipendenti che, una volta assunti e ricevuto un breve addestramento, sono messi dietro una scrivania senza fornire loro una chiara direzione. L'individuo in addestramento dovrebbe ricevere, per contro, un sistematico e ampio orientamento sull'organizzazione e, in particolare, sulla sua mansione. Si sostiene che nelle prime due settimane d'attività un capo dovrebbe dedicare due ore al giorno al suo nuovo dipendente e un'ora al giorno nelle successive due settimane.

Politiche meritocratiche

Le valutazioni dei dipendenti rappresentano il *database* per mezzo del quale è possibile costruire una politica meritocratica aziendale, oggettivamente rispettosa dei reali contributi dei singoli. Una politica realmente meritocratica presuppone l'applicazione del cosiddetto "sistema premiante", intendendo con questa definizione non solo i riconoscimenti morali e materiali ai meritevoli, ma anche gli interventi punenti verso i lavoratori negligenti e/o disonesti.

SEGRETO n. 33: il sistema premiante ha lo scopo di rinforzare prestazioni e comportamenti superiori alle attese e di correggere quelli inferiori alle attese.

Il sistema premiante è lo strumento con cui i supervisori e l'azienda dimostrano ai propri dipendenti l'apprezzamento o meno dei loro comportamenti e delle loro prestazioni; l'uso errato di tale strumento produce danni notevolissimi quali l'appiattimento delle prestazioni, il calo di motivazione e aumenti non giustificati del costo del lavoro.

Lo scopo del sistema premiante è quello di rinforzare comportamenti e prestazioni superiori alle attese, il che costituisce il sistema premiante propriamente detto, o di modificare comportamenti e prestazioni inferiori alle attese il che costituisce il sistema punente. Il sistema premiante, erroneamente, è spesso identificato con i soli interventi economici e, talvolta, la sua gestione può creare incomprensioni e qualche divergenza tra i supervisori e la proprietà o, quando presenti, le funzioni del personale.

Il sistema premiante, sebbene spesso si affermi il contrario, non è gestibile in completa autonomia dai capi, e in particolare, per i riconoscimenti economici e gerarchici, è richiesta l'approvazione di più livelli di supervisione. Ciò non toglie che i capi debbano conoscere i meccanismi del sistema e saperlo utilizzare, adattandolo al motivo dell'intervento, alla cultura aziendale, alle tendenze sociali e al profilo del dipendente. Alcuni degli interventi ti potranno sembrare anacronistici e fuori moda, ma potrebbe essere un errore scartarli per principio, giacché le aziende stanno vivendo un lungo periodo di difficoltà economiche e, dunque, sono poco disponibili a iniziative che incidano sul costo del lavoro.

Una prima distinzione suddivide tutti gli interventi in tre grandi categorie: **riconoscimenti morali, economici** e **gerarchici**.

Riconoscimenti morali

I riconoscimenti morali agiscono sugli elementi primari della motivazione: è il nostro orgoglio che è solleticato, quando l'apprezzamento per il nostro operato è esteso a colleghi, familiari e superiori. I primi esempi sono dunque:

- l'apprezzamento verbale;
- l'elogio in pubblico;
- la cena con un familiare;
- i riconoscimenti di anzianità di servizio;
- l'apprezzamento scritto con copia ai superiori.

Rientra nei riconoscimenti morali, ma assume un diverso

significato, la delega d'incarico; è un segnale di fiducia nei confronti del dipendente e inoltre è da utilizzare quando lo si voglia testare o preparare per future responsabilità. Non servono certo molti altri commenti se non ricordare che, mentre le critiche vanno fatte privatamente, è giusto dare in pubblico i riconoscimenti.

Riconoscimenti economici

I riconoscimenti economici vanno invece analizzati più in dettaglio poiché è necessario comprendere, per ogni tipo d'intervento, i vantaggi e gli svantaggi per l'azienda e il diverso livello di gradimento per i dipendenti.

Aumenti di merito

Sono, ovviamente, molto apprezzati dai dipendenti che vedono incrementata, in modo permanente, la retribuzione e gli istituti collegati a questa, come il valore del trattamento di fine rapporto e la durata delle ferie. Questo intervento meritocratico è, purtroppo, il più costoso per l'azienda e il meno efficace, finanziariamente, per il dipendente.

È pertanto un riconoscimento che va riservato per prestazioni costantemente sopra le attese o eccezionali; è normalmente previsto nell'ambito delle politiche retributive dell'azienda, va proposto con precise motivazioni e richiede diversi livelli gerarchici di approvazione. L'elargizione di un aumento di merito dovrebbe seguire a breve distanza il riconoscimento di una valutazione positiva ma, per motivi amministrativi, ciò non è sempre possibile; tra la proposta dei capi, la verifica dei budget e l'approvazione delle somme possono passare, talvolta, diversi mesi, con relativa parziale perdita d'impatto motivazionale sul dipendente.

Somme una tantum

La loro erogazione risponde meglio all'esigenza di mantenere la flessibilità nei costi, poiché in questo caso non esiste l'effetto trascinamento sugli anni successivi. Sono indicate per premiare contributi significativi ma limitati nel tempo e, pertanto, devono rispondere a un criterio d'immediatezza. È compito del capo sollecitare, con obiettive motivazioni e al momento giusto, tali riconoscimenti, che richiedono, di solito, alcuni livelli d'approvazione.

Un metodo sufficientemente pratico, per avere un'idea di come progettare riconoscimenti economici, è evidenziato nella tabella che segue (tabella 14). La prima colonna suddivide i dipendenti secondo la valutazione ricevuta: **inferiore alle attese, uguale alle attese, maggiore delle attese e molto superiore alle attese**. La seconda colonna chiede di identificare se l'attuale retribuzione è maggiore, uguale o inferiore alle medie di mercato; nella terza colonna si chiede l'anzianità nella mansione, nella quarta, a quanto tempo prima risale l'ultimo aumento sul fisso ricevuto.

Tab. 14: pianificazione riconoscimenti economici

SCHEMA PER L'ELARGIZIONE DEI RICONOSCIMENTI ECONOMICI

Valutazione	Posizione sul mercato	Anzianità nella mansione	Ultimo aumento	Una Tantum	Aumento sul fisso
<Attese					
=Attese	>=media				
	<media	<=1anno			
		>1anno	<1anno		
			>1anno		avvicinare alla media
>Attese	+- max.			1 mens.	
	<=media	<=1anno			
		>1anno	<1anno		
			>1anno		portare su media
+>Attese	+- max.			1,5 / 2 mens.	
	<=media				portare su media max.

LEGENDA: Procede Stop

Le decisioni se erogare una somma "una tantum" o se concedere un aumento sul fisso vengono riportate nella quinta e sesta colonna; il segnale rosso suggerisce di non prevedere alcuna elargizione economica, quello verde indica che, se vogliamo, sarebbe possibile premiare economicamente quel dipendente.

Facciamo qualche esempio:

- valutazione inferiore alle attese, in prima riga. Come vedi, sin tanto che permane questa valutazione, non viene previsto alcun riconoscimento;
- valutazione pari alle attese, in seconda riga. La prima ipotesi – retribuzione attuale maggiore o uguale alla media di mercato – non prevede alcun riconoscimento. Se la retribuzione è inferiore alla media di mercato, si aprono due possibilità. Anzianità nella mansione inferiore a un anno: nessun riconoscimento. L'anzianità superiore a un anno impone di verificare se l'ultimo riconoscimento erogato a quel dipendente risale a un periodo inferiore o superiore a un anno. Solo in questo secondo caso potrebbe essere preso in considerazione un aumento sul fisso che avvicini la retribuzione alla media di mercato;

- passiamo alla terza riga, cioè il caso di una valutazione maggiore alle attese; se la retribuzione è già vicina al massimo del mercato, a fronte di un nuovo risultato particolarmente significativo, quel dipendente potrebbe essere premiato solo con una somma **una tantum** pari a una mensilità. Diverso intervento potrebbe essere considerato nel caso la retribuzione attuale sia pari o inferiore alla media di mercato; si suggeriscono di nuovo i controlli di prima, anche se la situazione di valutazione maggiore delle attese – con anzianità inferiore a un anno – è puramente scolastica e, dunque, non compare alcun suggerimento. La raccomandazione, per un dipendente che abbia avuto una valutazione maggiore delle attese – con anzianità superiore a un anno – è quella di avvicinare la retribuzione alle medie di mercato, nel caso non abbia avuto riconoscimenti per periodo molto superiori ai dodici mesi;
- la quarta riga considera, infine, il caso di un dipendente con una valutazione nettamente superiore alle attese; in questi casi dei riconoscimenti dovrebbero essere sempre previsti, dovendo scegliere solo se intervenire con somme una tantum o con aumenti sul fisso.

Lo schema, sia chiaro, non ha la pretesa di rispondere a criteri scientifici o studi statistici; è stato costruito sulla scorta di politiche retributive adottate da aziende di grandi dimensioni e, nella piccola e media azienda, potrebbe avere significative difficoltà nell'essere applicato come routine. Può, però, risultare utile per qualunque capo che sia in dubbio se andare o meno a perorare un intervento economico per un suo dipendente; lo schema suggerito gli permetterà di decidere se e con quali argomenti supportare la sua richiesta.

Retribuzione variabile individuale

È un riconoscimento economico, oggettivamente legato al raggiungimento o al superamento di precisi risultati aziendali e obiettivi individuali. È adatto a una popolazione di quadri e dirigenti ma non a quella di impiegati e operai. I capi hanno un ruolo rilevante nell'individuazione e assegnazione degli obiettivi individuali, i quali, se poco impegnativi, possono rendere ottenibile senza alcuno sforzo la riscossione del premio. Per contro, obiettivi eccessivamente severi renderanno impossibile ottenere il riconoscimento, demotivando i dipendenti.

Voglio, a questo proposito, segnalare un interessante piano d'incentivazione, che ha il pregio di fondere, nella sua formulazione, la filosofia MBO, i piani d'incentivazione di gruppo e quelli individuali. Il progetto ha, come base, la decisione aziendale di destinare una parte dei guadagni, o utili, a un piano, che serva a incentivare il lavoro di gruppo e il contributo individuale, a patto che, alla fine dell'anno finanziario, venga raggiunto un obiettivo predeterminato.

Questo obiettivo può avere le caratteristiche più svariate a seconda delle necessità dell'azienda, anche se, frequentemente, vengono scelti come "semafori verdi" gli utili prima o dopo tassazione, l'aumento di valore dell'azione – quando la società è quotata in Borsa –, l'incremento di fatturato sull'anno precedente e così via.

Il secondo passo è quello di predeterminare la cifra da destinare come incentivo totale, che verrà distribuita completamente o parzialmente, a seconda dei risultati di gruppo e individuali. Ipotizziamo di dover costruire il piano d'incentivazione per una azienda piccola o media, che abbia in forza due dirigenti e dieci quadri o impiegati direttivi, suddivisi in due *business unit* A e B; la proprietà ha deciso di porre, come condizione catenaccio, un incremento di fatturato, a fine anno, del 3%. I numeri non sono realistici ma ci servono solo per semplificare il ragionamento.

La somma teorica, messa a disposizione, è stata di 100 e ammettiamo che, alla fine dell'anno, la nostra azienda abbia raggiunto il suo obiettivo di crescita; vediamo, allora, come potrebbe essere distribuito l'incentivo in funzione dei risultati di gruppo e individuali. Il piano prevede che ogni partecipante concordi un certo numero di obiettivi individuali come nell'esempio della tabella.

Tab. 15: pianificazione obiettivi individuali

Obiettivi	Peso	Percentuale di ottenimento	Punteggio
A	40	80	32
B	30	50	15
C	20	100	20
D	10	80	8
Totale			75

Il dipendente o dirigente in questione ha formulato con il suo capo, a inizio anno, quattro obiettivi, il cui peso varia da un massimo di 40 a un minimo di 10; la valutazione alla fine dell'anno ha verificato che solo l'obiettivo C è stato completamente raggiunto, mentre per gli altri la percentuale varia tra l'ottanta e il cinquanta per cento. La percentuale totale media è, pertanto, del 75%. Occorre anche stabilire quale sarebbe la consistenza dei premi individuali, tra dirigenti e quadri, nel caso realizzassero il 100% dei loro obiettivi; supponiamo che l'azienda abbia deciso di premiare i quadri con una somma che sia pari al 60% di quella che erogherebbe per i dirigenti.

Dobbiamo impostare una semplice equazione, ricordando che al piano partecipano due dirigenti e dieci quadri; chiamiamo "sd" la somma decisa per i dirigenti e "sq" quella per i quadri, quindi:

2 x sd + 10 x sq = 100 ma **sq = 60% sd** di conseguenza

2x sd + 10 x 60% sd = 100 e sviluppando il calcolo

sd x (2 + 10 x 0,6) = 100; sd = 100:8; sd = 12,5 e infine

sq = 60% sd per cui sq = 7,5.

La somma teorica disponibile per ogni *business unit*, composto da un dirigente e cinque quadri è, ovviamente, pari a:

12,5 + 7,5 x 5 = 50

Calcoliamo quali incentivi reali, dirigenti e quadri percepirebbero, in funzione dei punteggi di gruppo e individuali, nell'ipotesi che la *business unit* A abbia raggiunto l'80% degli obiettivi e la B solo il 60%. La somma a disposizione del *business unit* A si ridurrà a 50 x 80% = 40 e quella per la B a 50 x 60% = 30. Ultima ma importante clausola; l'incentivo non è erogato se non si raggiunge perlomeno il 70% degli obiettivi individuali.

Tab. 16: incentivi individuali *business unit* A

Partecipanti	Incent. teorico	Punteggio	Incent. reale
D1	12,5	90%	11,25
Q1	7,5	70%	5,25
Q2	7,5	100%	7,5
Q3	7,5	60%	0
Q4	7,5	80%	6
Q5	7,5	80%	6
Totale	50	80%	36

Tab. 17: incentivi individuali *business unit* B

Partecipanti	Incent. teorico	Punteggio	Incent. reale
D1	12,5	70%	8,75
Q1	7,5	50%	0
Q2	7,5	80%	6,0
Q3	7,5	40%	0
Q4	7,5	90%	6,75
Q5	7,5	30%	0
Totale	50	60%	21,5

La tabella 16 ci dice che, a fronte di una disponibilità di 40, l'azienda ha erogato incentivi alla *business unit* A per un totale di 36, poiché un partecipante, non avendo realizzato perlomeno il 70% dei suoi obiettivi, non ha incassato alcuna somma. I punteggi sono stati esemplificati in modo che la media del gruppo fosse 80.

La *business unit* B, rappresentata in tabella 17, è andata decisamente peggio della A e, infatti, ha incassato solo 21,5. Anche in questo caso i punteggi individuali sono stati esemplificati in modo che la media del gruppo fosse 60.

Molte aziende preferiscono, però, differenziare maggiormente il valore degli incentivi, in funzione delle percentuali di raggiungimento degli obiettivi e, a questo proposito, usano calcolarli secondo i parametri della cosiddetta “curva a S”.

Riporto un esempio in cui rimane il limite del 70% di raggiungimento obiettivi per accedere agli incentivi; la differenza di questo metodo con il precedente consiste nel fatto che il dipendente con un 70% di punteggio incasserebbe solo il 60% del valore teorico, mentre il collega che centrasse il 100% dei suoi obiettivi, arriverebbe a prendere il 120% del premio teorico.

La curva si costruisce adottando valori in progressione come quelli mostrati nella successiva tabella; giocando sui fattori moltiplicativi si può inclinare più o meno la curva, ottenendo effetti di differenziazione più o meno evidenti.

Tab. 18: distribuzione incentivi con curva a S

% Obiettivi	% Incentivo	% Obiettivi	% Incentivo
70	60	85	90
71	60,4	85	93,3
72	60,9	87	96,55
73	61,6	88	99,75
74	62,5	89	102,9
75	63,7	90	105,9
76	65,2	91	108,5
77	67	92	110,9
78	69,1	93	113
79	71,5	94	114,8
80	[illegible]	95	116,3
81	77,3	96	117,5
82	80,4	97	118,4
83	83,55	98	119,1
84	86,75	99	119,6
		100	120

I dipendenti della *business unit* A, con questo metodo incasserebbero rispettivamente:

- D1 - 12,5 x 105,9% = 13,24 invece di 11,25, avendo raggiunto il 90% dei suoi obiettivi.
- Q1 - 7,5 x 60% = 4,5 invece di 5,25, avendo raggiunto il 70% degli obiettivi.
- Q2 - 7,5 x 120% = 9 invece di 7,5, avendo raggiunto il 100% degli obiettivi.

- Q4 e Q5 - 7,5 x 74,3% = 5,57 invece di 6, avendo raggiunto l'80% dei loro obiettivi.

Il totale pagato dall'azienda diventerebbe di 37,88 invece di 36, in ogni caso inferiore alla massima cifra disponibile di 40 e, certamente, meglio distribuito in funzione dei contributi individuali. Questo concetto, come si diceva poco fa, è rappresentato graficamente da una curva che l'azienda può modificare agendo sulla sua inclinazione, per differenziare, in maniera più o meno marcata, gli incentivi alle diverse contribuzioni, come da figura 6.

Si tratta di agire matematicamente sul rapporto tra percentuale di raggiungimento degli obiettivi e incentivo pagato; questo rapporto può essere modificato, in modo che la curva salga molto lentamente sino a percentuali di raggiungimento intorno all'85%, per poi impennarsi bruscamente nell'intervallo tra l'85 e il 95% ed, infine, appiattirsi nell'avvicinarsi al 100%.

Fig. 6: curva a S

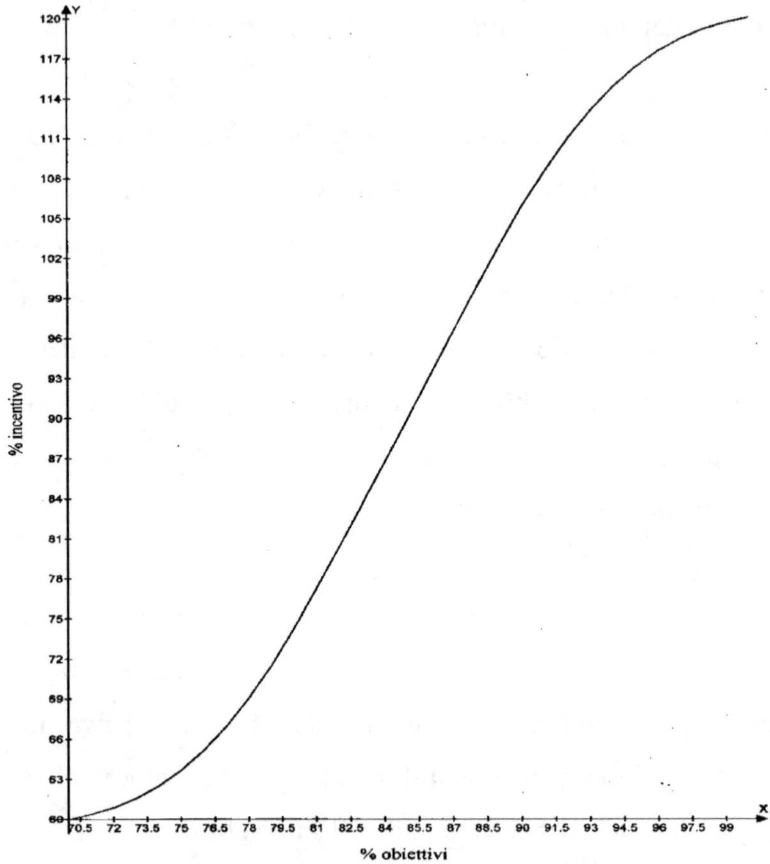

Esiste un'ulteriore possibilità, per calcolare l'incentivo individuale, che prende come riferimento la retribuzione annua lorda del dipendente, detta RAL; il piano ricalca praticamente quelli precedenti, salvo il fatto che richiede una particolare attenzione nel determinare gli obiettivi. Il metodo prevede che l'azienda stabilisca degli obiettivi con dei limiti il cui pieno raggiungimento richiede un significativo impegno del dipendente ma che, con un successivo sforzo, sono superabili, seppure di poco; questa soluzione mira a mantenere un'alta motivazione dei dipendenti.

È noto che molti sistemi d'incentivazione, basati sul raggiungimento di obiettivi personali e di gruppo, falliscono quando i dipendenti si accorgono che il loro raggiungimento è praticamente impossibile.

I capi, nel concordare gli obiettivi con i dipendenti, dovranno, dunque, tenere presente questa clausola, certamente abbastanza semplice da inserire negli obiettivi tipici di mansioni per le quali sia possibile individuare chiaramente i risultati quantitativi; significativamente più difficile da considerare nei casi in cui gli obiettivi sono essenzialmente di carattere qualitativo. La tabella 19 mostra un'applicazione di questo concetto. Si nota che l'erogazione dell'incentivo è prevista solo al raggiungimento del

95% degli obiettivi e che, come spiegato prima, si ammette che il dipendente possa superare il risultato atteso del 100%. I "punti" sono in funzione dei margini relativi al peso percentuale dell'obiettivo e il "totale punti" rappresenta la sommatoria dei punti per ciascun obiettivo. Il valore dell'incentivo varierà da un minimo del 5% a un massimo del 15% della retribuzione annua lorda (RAL).

Tab. 19: MBO schema di calcolo

Obiettivo	Peso	Margini	Punti	Premio
Vendite	60%	105 100 95	63 60 57	
Mix	20%	105 100 95	21 20 19	
Spese	20%	105 100 95	21 20 19	
		Totale punti	105 100 95	15% ral 10% ral 5% ral

Facciamo, come al solito, un esempio; ammettiamo che il nostro dipendente abbia raggiunto al 95% l'obiettivo di vendita, al 100% quello sul mix dei prodotti e abbia risparmiato sulle spese più del previsto, dunque 105%. Il calcolo sarà il seguente: vendite punti 57 (95 x 60%), mix punti 20 (100 x 20%) e spese punti 21 (105 x 20%) per un totale di 98 punti. Il premio spettante è dunque pari all'8% della RAL.

Un'ultima osservazione: le aziende devono porre grande attenzione a questi aspetti, pena il fallimento del piano e la totale demotivazione dei dipendenti. Quanto più il piano incentivi sarà nebuloso e non capito, tanto più i dipendenti saranno autorizzati a pensare che l'azienda li voglia trarre in inganno e, di conseguenza, non si sentiranno invogliati a impegnarsi per il raggiungimento degli obiettivi prefissati.

SEGRETO n. 34: qualunque piano d'incentivazione deve avere regole trasparenti, chiaramente comunicate ai dipendenti, i quali andranno regolarmente informati sul progressivo raggiungimento degli obiettivi.

Esiste un'ulteriore opportunità d'intervento sulle politiche retributive, che può interessare, essenzialmente, la media/grande azienda, poiché richiede un significativo investimento di tempo e di denaro. Mi riferisco alla possibilità di aderire a un programma di indagini salariali, con il quale diventa possibile valutare le retribuzioni, confrontandosi con aziende dello stesso settore.

Esistono società specializzate nel fornire tali indagini e, tra queste, citerei per importanza e serietà la OD&M Consulting o la Watson Wyatt Italy. Queste società, una volta riviste e corrette le *job description* secondo uno schema standard, le analizzano attraverso opportuni algoritmi, in modo da fornire al cliente un rapporto che mostra chiaramente i **pesi teorici** delle diverse posizioni, indipendentemente dalla persona che le occupa. In altre parole ne stabilisce un ordine d'importanza, calcolato sulle conoscenze, capacità, comportamenti necessari a occupare quelle posizioni, integrato dal contributo teorico che essi dovrebbero fornire ai risultati aziendali.

Ogni anno le aziende partecipanti all'indagine salariale sono invitate a inviare, alla società di consulenza, i dati retributivi per tutte le posizioni che intendono tenere sotto controllo; si può scegliere di includere tutte le posizioni direttive e specialistiche, o solo una parte di queste. La società che conduce l'indagine raccoglie tutti questi dati e li elabora sottoforma di grafici e/o tabelle, secondo diversi criteri di scelta:

- le retribuzioni, di norma, vengono suddivise perlomeno in quattro-cinque fasce di mercato: altissima, alta, media, mediana, bassa;
- i dati possono venire accorpati per settori industriali, ad esempio: industria del legno, settore meccanico, chimico, farmaceutico; oppure per posizione: direttori vendite, direttore finanziario, responsabile di produzione, responsabile controllo di qualità; oppure combinando i due criteri: tutti i responsabili del personale della grande distribuzione;
- viene assicurata la omogeneità dei dati, poiché le *job description* sono state uniformate e, nel caso un'azienda sottoponga informazioni non corrette, quei valori vengono scartati.

Questo sistema permette, dunque, di razionalizzare la politica retributiva aziendale; verificando il proprio posizionamento sul mercato, permette di gestire le richieste di incrementi retributivi e anche la contrattazione sindacale, potendo usufruire di dati molto precisi e dettagliati.

I costi possono essere consistenti, non tanto per l'abbonamento alle indagini, i cui prezzi possono essere dell'ordine di 1500-2000 euro, quanto perché un funzionario dell'azienda deve spendere un 25-30% del suo tempo per la messa a punto delle *job description*, per l'elaborazione del sistema di pesatura delle posizioni e per l'invio dei dati retributivi durante l'indagine. Si capisce, d'altro canto, che l'utilizzo delle indagini salariali, in parallelo con un efficace sistema di valutazione, permetterebbe d'investire la parte di retribuzione, non dovuta per contratto, su coloro che contribuiscono realmente al successo dell'azienda.

Riconoscimenti gerarchici

Terminiamo la rassegna con i riconoscimenti gerarchici che, però, richiedono, per una loro accettabile oggettivazione, la presenza di alcune condizioni:

- la capacità aziendale di **valutare il potenziale** dei dipendenti;
- la realizzazione di **piani di sviluppo**;

- adeguate **strutture organizzative** che permettano l'assegnazione, ai dipendenti potenziali, di posizioni con responsabilità crescenti.

Qual è il ruolo dei capi nell'erogazione di riconoscimenti gerarchici? Uno e importantissimo: aiutare l'azienda a individuare coloro che hanno le caratteristiche per volare più in alto. Uno dei prezzi più elevati che le imprese pagano, da un punto di vista organizzativo, è quello di creare sentieri di carriera per individui che non hanno le caratteristiche per crescere. Il conto salato viene pagato quando, con ritardo, ci si accorge che la persona sta occupando una posizione che richiede competenze superiori a quelle da lui possedute.

Ecco che, allora, mi corre l'obbligo di fornirti una precisa raccomandazione al riguardo, ovvero quella di evitare di segnalare i tuoi dipendenti come potenziali quando ritieni che non possiedano, a un buon livello, perlomeno le seguenti capacità-caratteristiche di base: flessibilità, capacità negoziale, comunicazioni aperte, capacità d'ascolto, capacità di lavorare in gruppo e determinazione.

Ogni azienda potrà descrivere il profilo ideale dei dipendenti potenzialmente promuovibili a responsabilità più elevate, aggiungendo o modificando quello che suggerisco di considerare un profilo di base. Sulla scorta degli individui segnalati dai capi dovranno, in seguito, essere identificati quei dipendenti il cui profilo maggiormente si avvicina a quello ideale.

SEGRETO n. 35: non segnalare, come potenziali, tuoi dipendenti, se non hanno, a un buon livello, almeno queste capacità/caratteristiche di base: flessibilità, capacità negoziale, comunicazioni aperte, capacità d'ascolto, capacità di lavorare in gruppo e determinazione.

Voglio ricordare, brevemente, che questo è solo un primo passo, poiché gli individui selezionati dovranno essere sottoposti a programmi di sviluppo; nel mio precedente ebook *Capi non si nasce* raccomandavo di non fare l'errore di assegnare a un dipendente incarichi con responsabilità superiori solo perché ha ben operato nella precedente mansione e ha caratteristiche potenziali per svilupparsi.

È qui il caso di richiamare il già citato principio di Peter, che raccomanda di non promuovere i candidati alle posizioni di vertice sino al loro livello d'incompetenza. Una qualunque figura direttiva, in azienda, deve essere considerata come un individuo da formare, così come si dovrebbe fare con ingegneri, avvocati, architetti, ricercatori, affinché possano diventare stimati e rispettati professionisti.

Sistema punente

Si è già accennato al fatto che un'efficace politica meritocratica deve considerare anche un sistema punente, per intervenire quando le valutazioni di un dipendente risultano essere costantemente al di sotto delle aspettative aziendali. L'azienda, così come fa per i meritevoli, deve contemplare interventi mirati, in questo caso, a coloro che hanno comportamenti negligenti o disonesti. Questi interventi sono, classicamente, i richiami, le ammonizioni, le sanzioni disciplinari ed, infine nei casi più gravi, la risoluzione del rapporto di lavoro.

Il capo che, sebbene le valutazioni di un suo dipendente siano frequentemente sotto le aspettative, evita l'irrogazione di punizioni, non rispetta il ruolo affidatogli dall'azienda, poiché:

- crea **demotivazione nei dipendenti** con buone prestazioni e comportamenti;
- **non corregge le deviazioni**;
- **perde la leadership**;
- **spende più risorse economiche** degli altri capi.

L'estrema sanzione disciplinare, che prevede la risoluzione del rapporto di lavoro, richiede un chiarimento. Non è prevista, dalle leggi sul lavoro, la possibilità di licenziare un dipendente solo perché questo non ha ottenuto i risultati attesi dall'azienda.

SEGRETO n. 36: l'attuale orientamento della magistratura è dettato dalla volontà di proteggere il prestatore d'opera da eventuali comportamenti vessatori dei datori di lavoro.

Il licenziamento diventa, invece, possibile laddove si riesca a dimostrare che il dipendente ha messo in atto comportamenti negligenti o disonesti; ciò conferma, ancora una volta, quanto sia importante che l'azienda adotti un efficace processo di valutazione, in grado di identificare, con certezza, sia i dipendenti meritevoli sia i negligenti o fannulloni.

I capi, in caso dovessero gestire dipendenti con valutazioni significativamente e costantemente inferiori a quelle dei colleghi, devono essere preparati a muoversi in due direzioni. Il primo obiettivo sarà quello di tentare il recupero del dipendente, aiutandolo a metter in atto un processo di miglioramento delle sue prestazioni.

Questa fase è molto importante ai fini legali poiché, in caso di vertenza, si potrà dimostrare al magistrato la buona fede dell'azienda. I passi necessari per raccogliere prove inconfutabili sono i seguenti:

- accertarsi se il dipendente sappia in **cosa consiste il compito affidatogli e come svolgerlo**. Controllare che gli siano state spiegate le mansioni e se ne esiste traccia scritta. Verificare se gli è stata consegnata una copia dei CCNL di categoria e se c'é traccia di eventuali piani o corsi di addestramento erogati a suo favore;
- fornire l'addestramento necessario, laddove fosse verificato che il dipendente non è perfettamente informato su cosa o

come fare;

- intervenire con **colloqui di *counseling***, e, se questi fallissero, con i successivi **colloqui di correzione,** qualora la deviazione persistesse malgrado l'addestramento fornito.

La metodologia di questi colloqui è ampiamente descritta nel mio precedente ebook *Capi non si nasce*; qui vale ricordare che il colloquio di *counseling* è da prevedere se, nonostante i risultati non brillanti, il dipendente mostra la volontà di migliorare. Il colloquio di correzione si differenzia da quello di *counseling* sia nella forma che nella sostanza, poiché viene preso in considerazione nel momento in cui si ha la sufficiente certezza che il dipendente non ha alcuna volontà di collaborare e migliorare le sue prestazioni. Il capo non userà più un tono conciliante, ancora adottabile nel colloquio di *counseling* e, senza mezzi termini, dovrà informare il dipendente che, persistendo il suo atteggiamento, l'azienda inizierà a prendere in considerazione delle sanzioni disciplinari nei suoi confronti. Non più la mano tesa ma precisi ordini di cambiamento.

È consigliabile che rimanga una traccia scritta sia per gli

interventi di *counseling* che per quelli di correzione, quando ci si trova di fronte a significative deviazioni. La traccia scritta può essere un semplice foglio di carta su cui andrebbe riportata la deviazione che si vuole correggere, il piano o gli obiettivi concordati e la loro data di scadenza.

L'ideale sarebbe averla firmata dall'interessato ma, se rifiuta, ciò non è strettamente necessario. Il ripetersi della stessa deviazione, o il frequente scostamento da molteplici comportamenti attesi, deve portare alla messa in atto del sistema punente e alla contestazione disciplinare. Immagino che qualcuno possa obiettare sulla lunghezza di questo processo ma, nell'ipotesi molto probabile che con certi dipendenti si finisca davanti a un magistrato, i vantaggi che avrà l'azienda nell'adottare questo approccio sono notevoli:

- potrà dimostrare di aver informato il dipendente sulla sua valutazione e di avergli dato la possibilità di correggere le sue prestazioni;
- *job description*, piani di addestramento, verbali dei colloqui di *counseling* e di correzione costituiranno valida documentazione legale a difesa dell'azienda.

Si è detto che i capi devono essere pronti a muoversi anche in una seconda direzione e cioè l'adozione di interventi punenti che potrebbero, il condizionale è d'obbligo, indurre il dipendente ad abbandonare comportamenti per lui non più convenienti.

Infliggere sanzioni disciplinari richiede l'intervento di professionisti nella gestione del personale, siano essi funzionari aziendali o consulenti esterni. Le contestazioni disciplinari, le sanzioni e gli eventuali processi di licenziamento devono essere azioni concordate con questi professionisti, poiché tali azioni richiedono competenze specifiche sulle formule e sulle tempistiche da adottare, nel rispetto di norme stabilite dal codice civile e dai contratti di categoria.

Termino con una raccomandazione: non è consigliabile mettere in atto azioni discriminatorie nei confronti di dipendenti, siano essi negligenti o disonesti, perché si metterebbero nelle loro mani potenti armi di difesa, da usare in caso di vertenza.

Una cosa sono le sanzioni disciplinari previste dai codici e dai contratti e una cosa sono le azioni discriminatorie. Si eviti dunque di escludere questi dipendenti da momenti di vita aziendale di gruppo, dalla partecipazione a manifestazioni estese a tutta una certa popolazione, da politiche retributive che contemplino premi di gruppo o dall'avere assegnate apparecchiature aziendali previste come standard per tutti dipendenti. Un errore di questo tipo può essere pagato a caro prezzo.

RIEPILOGO DEL GIORNO 7:

- SEGRETO n. 31: il profilo di un candidato potenziale dovrebbe comprendere capacità indirizzate a migliorare l'efficacia e la rapidità dei processi aziendali, a sostenere il continuo cambiamento, a identificare le priorità chiave e a eliminare le attività senza valore aggiunto.
- SEGRETO n. 32: il presupposto della leadership situazionale assegna al capo la responsabilità di adattare il suo stile naturale al livello di maturità dei dipendenti.
- SEGRETO n. 33: il sistema premiante ha lo scopo di rinforzare prestazioni e comportamenti superiori alle attese e di correggere quelli inferiori alle attese.
- SEGRETO n. 34: qualunque piano d'incentivazione deve avere regole trasparenti, chiaramente comunicate ai dipendenti, i quali andranno regolarmente informati sul progressivo raggiungimento degli obiettivi.
- SEGRETO n. 35: non segnalare, come potenziali, tuoi dipendenti, se non hanno, a un buon livello, almeno queste capacità/caratteristiche di base: flessibilità, capacità negoziale, comunicazioni aperte, capacità d'ascolto, capacità di lavorare in gruppo e determinazione.

- SEGRETO n. 36: l'attuale orientamento della magistratura è dettato dalla volontà di proteggere il prestatore d'opera da eventuali comportamenti vessatori dei datori di lavoro.

Conclusione

Arrivato alla fine di questo ebook, mi ero messo a riflettere su come concluderlo, quando improvvisamente mi sono domandato: per quale motivo i miei lettori dovrebbero credere a tutto quanto ho scritto? L'essermi fatto questa domanda ha le sue radici nel mio personale scetticismo verso una certa letteratura, quella che insegna come avere successo in amore, come fare carriera, come diventare ricco, come gestire un patrimonio ecc.

Il mio scetticismo non è totale; nasce quando non trovo una coerente relazione tra il testo e l'autore. Cerco di applicare un ragionamento fondato sulla semplice logica: se un autore è in grado di darmi suggerimenti su come diventare ricco, lui per primo dovrebbe aver messo in atto quei suggerimenti ed essere diventato ricco.

Sono più propenso a credere a quanto scrive se, dopo la lettura del suo curriculum vitae e di altre informazioni raccolte sulla sua persona, ricavo l'impressione di trovarmi di fronte a un individuo di successo; mi domando, in caso contrario, su quali risultati e su quali esperienze fondi le sue convinzioni. Un autore che suggerisce come fare carriera sul lavoro dovrebbe avere un brillante *curriculum* professionale, altrimenti non avrebbe alcuna credibilità.

Devo dunque accettare, per essere coerente con me stesso, che qualche lettore sia scettico su quanto ho scritto, a meno che non possa dimostrargli che le mie esperienze personali possano farmi ritenere un autore competente sugli argomenti che ho trattato. Mi sembra giusto, per questo motivo, aggiungere qualche ulteriore informazione al CV che avrete letto sul sito della Bruno Editore.

Ho avuto la fortuna di lavorare per un'azienda, la The Upjohn Company, che aveva nel processo di selezione e in quello di valutazione del personale i suoi punti di maggior forza. Sono stato sia spettatore che attore in questi due processi; da semplice dipendente ho avuto modo di apprezzare la cura con la quale venivano selezionati i nuovi assunti e la precisione con cui venivano successivamente valutati.

Questo permetteva di avere un team veramente coeso e politiche meritocratiche molto apprezzate dai dipendenti. Ho constatato personalmente, quando ho assunto la direzione delle risorse umane, qual era l'impegno richiesto per gestire i due processi, in modo che dessero un reale contributo al business. Il risultato di queste politiche era duplice: elevata motivazione del personale ed elevato senso di appartenenza.

Queste esperienze mi permettono di affermare che adottare processi di selezione e valutazione del personale realmente efficaci richiede un grande impegno, ma permette di ottenere grandi vantaggi.

Ho condensato in questo ebook tutto quanto ho avuto la fortuna di apprendere, lavorando in quella bellissima azienda; la mia speranza è quella di riuscire a esserti di aiuto, qualora ti avessi convinto ad applicare dall'inizio, o a migliorare, i processi di selezione e valutazione già presenti nella tua azienda.

ALLEGATO 1

MAPPATURA DELLE COMPETENZE

COMPETENZE COGNITIVE

Competenza	**Indicatori**	**Famiglie professionali**
Flessibilità	Riconosce la validità dei punti di vista degli altri.	Assistenza commerciale, responsabile manutenzione.
	Si adatta facilmente ai cambiamenti di situazione sul lavoro.	Responsabile linee di produzione.
	Cambia il proprio comportamento o modo di lavorare per adattarsi alla situazione.	Responsabile marketing, responsabile vendita.
	Applica in modo flessibile le regole e le procedure, per realizzare gli obiettivi aziendali.	Responsabile produzione, responsabile commerciale.

Competenza	Indicatori	Famiglie professionali
Creatività	Il suo contributo in situazioni di *brain storming* è considerato originale e di valore.	Responsabile marketing, responsabile vendita.
	Costruisce facilmente nessi tra aspetti o concetti apparentemente non collegati.	Responsabile ricerca e sviluppo.
	Produce molte idee nuove e originali.	Progettista.

COMPETENZE EMOZIONALI

Competenza	**Indicatori**	**Famiglie professionali**
Gestione dei conflitti	Ascolta in modo mirato.	Tutti i capi funzione.
	Affronta i conflitti che vede come opportunità.	Tutti i capi funzione.
	Realizza difficili accordi e sistema le controversie con equità.	Tutti i capi funzione.
	Riesce a trovare le aree di comune interesse e a ottenere cooperazione.	Tutti i capi funzione.

Competenza	**Indicatori**	**Famiglie professionali**
Risoluzione dei problemi	Va al di là dell'ovvio e non si accontenta della prima soluzione.	Responsabile acquisiti, responsabile linee di produzione, responsabile manutenzione, responsabile fatturazione, progettista.
	Svolge analisi oneste e appassionate.	Responsabile Marketing, responsabile controllo qualità.
	Ricerca tutte le fonti utili per avere risposte.	Responsabile paghe e contributi.

COMPETENZE GESTIONALI

Competenza	**Indicatori**	**Famiglie professionali**
Pianificazione	Individua accuratamente tempi e difficoltà nei compiti e progetti.	Tutti i capi reparto.
	Definisce scopi e obiettivi.	Tutti i capi funzione e capi reparto.
	Sviluppa calendari di attività.	Tutti i capi funzione e capi reparto, progettista.
	Misura le prestazioni rispetto agli obiettivi.	Tutti i capi funzione e capi reparto.
	Valuta i risultati.	Tutti i capi funzione e capi reparto.

Competenza	**Indicatori**	**Famiglie professionali**
Capacità organizzativa	Organizza e sistematizza le informazioni in modo utile.	Responsabile contabilità, responsabile fatturazione, responsabili acquisti, responsabile paghe e contributi.
	Usa le risorse in modo efficiente ed efficace.	Responsabile produzione, responsabile di vendita.
	È capace di condurre, insieme, molteplici attività per raggiungere un obiettivo.	Responsabile di vendita, responsabile di marketing.
	Riesce a mobilitare le risorse (persone mezzi e strumenti) per realizzare gli obiettivi.	Responsabili di funzione.

Competenza	**Indicatori**	**Famiglie professionali**
Orientamento ai risultati	È impegnato a superare i risultati attesi.	Responsabile vendita e marketing.
	Fornisce costantemente e consistentemente le migliori prestazioni.	Responsabile vendita e marketing.
	Tiene costantemente sotto pressione se stesso e gli altri, per produrre risultati.	Responsabile vendita e marketing.
	È sempre attento al risultato finale.	Tutti i capi funzione.

Competenza	**Indicatori**	**Famiglie professionali**
Orientamento al cliente	S'impegna per soddisfare le aspettative dei clienti interni ed esterni.	Responsabile contabilità, responsabili acquisti, responsabile assistenza commerciale.
	Ottiene facilmente informazioni dai clienti e le utilizza per migliorare i servizi.	Responsabile paghe e contributi, fatturazione.
	Stabilisce e mantiene rapporti efficaci con i clienti.	Figure di vendita che riportano al responsabile vendite.
	Ottiene dai clienti fiducia e rispetto.	Figure di vendita che riportano al responsabile vendite.

COMPETENZE RELAZIONALI

Competenza	Indicatori	Famiglie professionali
Capacità di persuasione	Prevede l'effetto della propria iniziativa sull'idea che gli altri si fanno di lui.	Tutti capi funzione.
	Fa appello alla ragione, ai dati di fatto, alle cifre.	Tutti i capi funzione.
	Raccoglie alleanze politiche per trovare un sostegno alle proprie idee.	Tutti i capi funzione.
	Usa le tecniche di conduzione di gruppo per influenzare il team.	Tutti i capi funzione.

Competenza	**Indicatori**	**Famiglie professionali**
Capacità di negoziazione	Ha uno stile negoziale *win/win*.	Tutti capi funzione e capi reparto, progettista.
	Riesce a sistemare le controversie senza clamore.	Tutti i capi funzione e capi reparto.
	Sa essere sia diretto e vigoroso sia diplomatico.	Tutti i capi funzione.
	Ottiene facilmente la fiducia degli interlocutori.	Tutti i capi funzione.
	Riesce a ottenere concessioni senza compromettere le relazioni interpersonali.	Tutti i capi funzione.

ALLEGATO 2

VALUTAZIONE DELLE PRESTAZIONI PER L'ANNO 2009

COGNOME E NOME	NATO IL	ASSUNTO IL
Rossi Mario	14 Aprile 1966	1 febbraio 1990

FUNZIONE

Ricerca e sviluppo

TITOLO DI STUDIO

Industrial designer

POSIZIONE DI LAVORO	DAL
Progettista sviluppatore	1 Febbraio 1990

NOTE

La presente scheda deve essere:

- compilata dal diretto superiore;
- contro firmata dal superiore gerarchico.

Al termine del colloquio di valutazione, la presente scheda deve essere firmata dal dipendente che, se lo desidera, può aggiungere le sue considerazioni.

ANALISI E VALUTAZIONE DEI RISULTATI

Standard, obiettivi, progetti, affidati al dipendente nell'anno di riferimento.	Risultati conseguiti dal dipendente
1) presentare la progettazione di almeno tre modelli, per la nuova stagione, entro aprile 2009, con uno scarto di +/- 15 giorni.	Grado di conseguimento MIA IA CA SA EC □ □ X □ □
2) cooperare con i modellisti, in modo tale che le calzature siano pronte per la produzione entro giugno 2009, con uno scarto di +/- 15 giorni.	Grado di conseguimento MIA IA CA SA EC □ □ □ X □
3) rispettare il budget di spesa assegnato con una deviazione del +/- 1%.	Grado di conseguimento MIA IA CA SA EC □ X □ □ □
4) mettere a punto l'utilizzo del nuovo software 3D entro e non oltre Ottobre 2009.	Grado di conseguimento MIA IA CA SA EC □ □ X □ □

ANALISI E VALUTAZIONE DELLE COMPETENZE

Riferisciti alla mappatura delle competenze, per individuare quali devi valutare per il tuo dipendente e con quali indicatori di comportamento.

Aree	**Grado di possesso**				
Area Cognitiva					
Flessibilità	MIA □	IA □	CA □	SA □	EC □
Creatività	MIA □	IA □	CA X	SA □	EC □
Area Emozionale					
Gestione dei conflitti	MIA □	IA □	CA □	SA □	EC □
Risoluzione dei problemi	MIA □	IA □	CA X	SA □	EC □
Area Gestionale					
Pianificazione	MIA □	IA □	CA X	SA □	EC □
Organizzazione	MIA □	IA □	CA □	SA □	EC □
Orientamento ai risultati	MIA □	IA □	CA □	SA □	EC □
Orientamento al cliente	MIA □	IA □	CA □	SA □	EC □
Area relazionale					
Capacità di persuasione	MIA □	IA □	CA □	SA □	EC □
Capacità di negoziazione	MIA □	IA □	CA □	SA X	EC □

Legenda:
MIA – molto inferiore alle attese
IA – inferiore alle attese
CA – conferma le attese
SA – superiore alle attese
EC – eccellente

VALUTAZIONE SINTETICA DELLA PRESTAZIONE

A	B	C	D	E

Alto Basso

INDIVIDUAZIONE DEL POTENZIALE

(Compilare solo nel caso si vogliano segnalare dipendenti con alto potenziale di crescita.)

□ Alto Note ______________________________

____

____

INTERVENTI FORMATIVI UTILI PER MIGLIORARE LE PRESTAZIONI DEL DIPENDENTE.

1. Continua nei prossimi sei mesi l'addestramento sul software 3D .

2. ____

3. ____

Data____13 Gennaio 2010_______________

Firma del valutatore

____

Firma del superiore gerarchico

____

www.ingramcontent.com/pod-product-compliance
Lightning Source LLC
LaVergne TN
LVHW050848051026
849532LV00006BA/2155